消失中的美国股份公司

传统企业组织形式的颠覆与创新

（美）杰拉尔德·F. 戴维斯 / 著

孔令强　殷燕 / 译

西方经济-金融前沿译丛

图书在版编目（CIP）数据

消失中的美国股份公司：传统企业组织形式的颠覆与创新/（美）杰拉尔德·F. 戴维斯（Gerald F. Davis）著；孔令强，殷燕译. --北京：华夏出版社，2019.5

（西方经济·金融前沿译丛）

书名原文：The Vanishing American Corporation: Navigating the Hazards of a New Economy

ISBN 978-7-5080-9510-3

Ⅰ. ①消… Ⅱ. ①杰… ②孔… ③殷… Ⅲ. ①企业结构－研究 Ⅳ. ①F272.90

中国版本图书馆 CIP 数据核字（2018）第 143149 号

The Vanishing American Corporation:Navigating the Hazards of a New Economy
Copyright © 2016 by Gerald F. Davis
Copyright licensed by Berrett-Koehler Publishers,, arranged with Andrew Nurnberg Associates International Limited

（本书中文简体版权经由安德鲁·纳伯格联合国际有限公司取得）
Simplified Chinese translation copyright © 2019 Huaxia Publishing House
All Rights Reserved

版权所有 翻版必究

北京市版权局著作权合同登记号：图字 01-2017-0332 号

消失中的美国股份公司——传统企业组织形式的颠覆与创新

作　者	［美］杰拉尔德·F. 戴维斯
译　者	孔令强　殷　燕
责任编辑	李雪飞
责任印制	顾瑞清

出版发行	华夏出版社
经　销	新华书店
印　装	三河市少明印务有限公司
版　次	2019 年 5 月北京第 1 版　2019 年 5 月北京第 1 次印刷
开　本	710×1000　1/16 开
印　张	12.5
字　数	202 千字
定　价	58.00 元

华夏出版社　地址：北京市东直门外香河园北里 4 号　邮编：100028
网址：www.hxph.com.cn　电话：（010）64663331（转）

若发现本版图书有印装质量问题，请与我社营销中心联系调换。

献给本和格莱斯,他们加入了新的强力球经济

目　录

前　言 ·· 1

导　论　经济结构的转变与新的经济景象 ·· 1

第一篇　美国的股份公司世纪 ·· 1

第 1 章　美国和世界各地的股份公司 ·· 5

第 2 章　股份公司是如何征服美国的 ·· 18

第 3 章　驯服股份公司 ·· 28

第 4 章　股份公司统治下的战后年代 ·· 36

第二篇　为何美国的股份公司正在消失 ·· 45

第 5 章　股东占了上风 ·· 49

第 6 章　耐克化和虚拟股份公司的兴起 ·· 62

第 7 章　上市公司已成明日黄花 ·· 72

第 8 章　IPO 市场苟延残喘 ·· 84

第三篇　股份公司衰败的后果 ·· 99

第 9 章　消失中的社会保障网 ·· 103

第 10 章	正在上升的不平等	114
第 11 章	正在下降的向上流动性	124
第 12 章	一线曙光	135

第四篇 现在该怎么办 … 145

| 第 13 章 | 后股份公司时代的可能未来 | 148 |
| 第 14 章 | 驾驭后股份公司经济 | 160 |

数据来源 … 169

英文索引 … 171

译 后 记 … 183

前　言

有谁愿意去写一本灰暗的经济学论著？又有谁愿意去阅读一本这样的著作？作为一个见过许多此类例子的商学教授，我敢保证这个世界不再需要枯燥、充满专业术语的商学著作。可是，我写作此书的动机更为个人化。我想给那些初出茅庐的孩子们，包括我自己的孩子们，提供一些忠告。但是，我被难住了。

在我进入大学的时候，可供选择的选项一清二楚。如果你学习实用的专业，比如工程和商业，你毕业的时候可以获得一个公司职位。如果你跟我一样学习哲学那种毫无价值的专业，你可以去上法学院。如果你花完了所有的钱并辍学，你通常有机会在装配线上得到一份工作。

不过那是20世纪80年代初的情况。自从那时候以来，我们都听说了公司职业的消亡。公司将不照顾你，你必须不断地换工作和公司，有时是横向换，但在长期里是向前换。如今，甚至"工作"本身都处于危险境地。大学毕业生可能将狗保姆和间断性优步司机这样的兼职工作谎称为无薪的实习工作。

如果你曾经玩过儿童游戏滑道与梯子（Chutes and Ladders），则你对当今千禧之年的经济景象会有很深的理解。少数人在正确的地点和时间登录并设法向上升级——也许甚至将他们的应用程序卖给脸谱公司并在30岁之前退休。但是，大多数人却面临岌岌可危的劳务市场，走错一步就可能使他们沿着滑道直接进入兼职炼狱，挣扎着兼做足够多份数的工作，以便赚钱归还他们的学生贷款。工厂已多年未招聘新的员工了，法学院只能造成更高级别的失业；即使是知名公司的电脑专业人员也发现，他们的工作可以被更廉价地离岸外包出去（有时是在培训了他们的替代者之后）。

与此同时，美国股份公司也经历了戏剧性的、令人迷惑不解的变化。人们从职业到工作再到任务的转换均对应于公司经济形态的变化。当你拥有长期存在的股份公司时，公司职业才有意义。但是，商业作家所喜爱的"创造性毁灭狂风"所引发的毁灭似乎要大于创造。那些大名鼎鼎的公司正在走向破产（如通用汽车公司、克莱斯勒公司、柯达公司等），或进行产业转型（如西屋电气公司、伍尔沃斯公司），或分解成几个部分（如美国铝业公司、惠普公司、时代华纳公司等），或者彻底地消失（如伯利恒钢铁公司、莱曼兄弟公司、博德斯集团、电路城公司及许多其他公司）。在股票市场上挂牌的美国公司数量在1997年到2012年期间下降了一半以上。此外，像Zynga、Zillow以及Zulily这样的新进入者从小型公司开始做起，而且永远不会做成大型公司。通过依赖承包商而不是大量雇用永久性的雇员，这些最新的公司似乎注定保持在小微的水平上。

"分享经济"中的新公司几乎完全摆脱了"就业"问题。2014年年底，优步公司在美国拥有160 000名以上的"合作司机"，但实际上只有大约2 000名真正的员工。同样的数字也适用于Airbnb和一些"分享型"公司，但它们不是真正意义上的制造商或服务供应商，它们只是平台，试图搅乱出租车、酒店甚至制药这样的传统产业。在学校里的时候，我常常因为被人怀疑制造混乱而受到威胁。如今，对于任何商业计划来说，制造混乱是一个必要的优点。

这些事情是相互关联的。

新技术带来新的经营方式和新的组织形式。新的经营方式改变了个人及其家庭所面对的经济景象和前景。整个20世纪，美国经济由大型股份公司主导，但在21世纪，情况就不再是这样了。老地图不再适用于我们的新兴经济，旧对策不再解决当前的问题。蒸汽发动机使得任何能获得煤炭的地方都可以开工厂，从而推动了第一次工业革命；它给了我们汽船、机车以及全球性的各种市场，也给了我们如威廉·布莱克所描述的"黑暗的魔鬼工厂"和狄更斯所描述的"都市的混乱"。在整个20世纪，使福特T型车成本下降的大批量生产方法扩散至整个工业社会的所有领域，从儿童教育到战争方式；它给了我们现代股份公司、现代劳动力流动以及美国化的生活方式。互联网和智能手机为无所不在的市场和成本最小化的自发合作提供了条件，它们使得诸如现代股份公司这样的制度越来越不可持续。未来的格局取决于我们自己。

公司经济在 20 世纪初兴起的时候，西奥多·罗斯福这样敏锐的观察家就意识到，它在创造繁荣机会的同时也将给民主带来危险。罗斯福和其他改革论者认识到，为了公众的利益而驾驭新型的股份公司，有必要实施见多识广的公共政策。

如今，我们面临着一系列与 20 世纪初相似的挑战：不断上升的社会不平等、更低的社会流动性、漏洞百出的社会安全网以及被富人所支配的政治事务。但是，这一次的原因不是股份公司的进一步成长，而是它的崩溃。如果我们想要建立一个为所有人而运行、为年轻人提供机会的经济，则我们首先需要准确地分析当前的形势，而《消失中的美国股份公司》就是我冒险进行的一项分析。

我想感谢下列几位读者，他们对本手稿作出了中肯的评论：J. 亚当·柯布、大卫·德鲁斯、华莱士·卡茨、麦吉·莱文斯坦、戴纳·缪尔以及尼尔斯·谢林。还要感谢三位贝雷特 – 科勒公司优秀的审阅人：杰弗里·库里克、罗伯特·埃尔曼和迈克尔·S. 布雷迪。特别要感谢的是史蒂夫·皮埃尔桑蒂，他从本书的早期阶段就开始以其耐心细致的敬业态度和专业知识指导本书的写作，尽管我多次推迟交稿时间。与贝雷特 – 科勒公司的同仁共事自始至终都非常愉悦。我也一如既往地感谢我的爱妻克里斯蒂娜·布朗，她给了我无尽的欢乐和鼓励，我希望最终的书稿不会使她失望。

导　论　经济结构的转变与新的经济景象

在公民联盟和首席执行官八位数薪酬的年代，股份公司的力量实际已经登峰造极。但是，在美国，上市公司——将股份卖给公众而不是为私人所有的公司——正在消退。在过去的15年时间里，美国上市公司的数量较之前下降了一半以上，因为几乎每年退市公司的数量都超过首次公开发行的公司的数量。这部分原因在于经济危机和产业合并，但最大的原因在于公司形式日益过时。

就许多传统"公司"而言，组建成一个股份公司并将其股票在股市中挂牌已经不再是最节省成本的经营方式。小微公司Vizio的电视机销售价格可以远远地低于巨型公司索尼。只有100名雇员的Flip制造商销售比伊斯曼·柯达更具便携性的摄像机，直至两家公司的产品均双双变得过时为止。优步公司在美国所拥有的"司机合伙人"要比通用汽车的雇员还多。除了少数需要大量资本的产业，传统公司形式的可持续性日益变得令人质疑。

当然，从目前来说，认为股份公司正在衰落的看法是令人吃惊的。谁能怀疑沃尔玛、高盛、谷歌和麦当劳的巨大力量？在长达一个多世纪的时间里，股份公司制度是支配性的经济制度，股份公司向工人提供工作，向投资者提供利润，还向市场提供产品和服务。但是，随着支撑股份公司的规模经济的削弱，非公司的企业组织形式开始在一个接着一个的产业中兴盛起来，而股份公司却在日甚一日地挣扎当中。假如时间倒回到1950年，人们在底特律的纵向一体化的大型工厂里组装汽车，然后从那里把汽车运向世界各地，这是有经济理由的。但如今，一个公司的各个组成部分就像相互连接的塑料块，可以暂时连上，也可以在不需要的时候断开。从创立公司的法律结构到临时雇用员工，再到外包生产和分销活动，信息与通信技术使人们开办公司变得毫不费力。而在过去，协调各种活动常常是公司的强项。如今，与其他更灵活、更低廉的企业组织形式相比，股份公司日益显得相形见绌，大量产业进入新型产业壁垒正在日益减少。

诺贝尔经济学奖得主罗纳德·科斯在其写于1937年的文章《企业的性质》中解释道："设立企业有利可图的主要原因看来是使用价格系统是有成本的。通过价格机制来'组织'生产的最明显的成本是发现相关价格的成本。"但是，如果发现相关价格的成本变得微不足道，那么情况又会怎样呢？如果企业的投入品，包括劳动力，一旦需要就能够得以定价和采购，那么情况又会如何呢？如果企业在需要工人完成特定任务的时候招入合同工而不是雇用长期雇员，就像顾客可以用优步应用程序叫车一样，情况又会如何呢？这是一个新兴领域，其结果对于消费者来说也许是一件乐事，但对于劳动力来说将变成一场灾难。

第二次世界大战之后，美国人依赖股份公司来获得收入、退休保障以及他们家庭的健康保险。股份公司不但创造产品和服务，而且还提供劳动力在全球范围内流动的通道。不管股份公司有什么样的缺陷，无论如何它们都是工人的机会和生活安定的来源。如今，股份公司与雇员之间的契约关系日益经受着其他低成本选择的围攻，这些选择使得传统股份公司变得不可持续。

不过，这并不意味着企业这种组织形式会消失，而是意味着它将发生改变。事实上，为了吸引投资者的注意力，公司的股份将继续上市交易，只不过其数量要比之前几十年低得多。过去和今天的企业组织形式差异极大，包括通用电气、西屋电气、美国钢铁、柯达在内的公司于20世纪初上市并成为美国经济的支柱，但近些年上市的公司只偶尔创造股东价值，而且它们很少大规模地创造就业岗位。就在写作本书的时候，脸谱、Yelp、星佳、领英、Zillow、Tableau、Zulily以及Box等公司的全球劳动力之和，还不及电路城（Circuit City）于2009年因遭受清算而丧失工作的人数；即使拿谷歌公司来说，它的员工数量也少于百事达公司2005年的员工数量。没有什么理由能指望这些新的技术型企业或公司成长为像柯达公司和西屋电气公司那样的跨世纪组织机构。

股份公司将会在某些行业中继续存活下去，就像王室在丹麦、西班牙和英国延续下来一样。但是，股份公司将会是劫后余生的经济组织形式，而不是社会经济发展的支柱，它们不再提供大规模的、稳定的就业。作为世界上历史最悠久、经营最成功的公司之一，埃克森公司在1962年曾经有15万名雇员（当时这家公司的名字还是"新泽西标准石油公司"），但是50年之后，在与巨型对手美孚公司合并之后，其雇员的数量仅有之前的一半。

不过尽管股份公司的衰落在美国表现得最为明显，但其背后的基本因素却在世界各地都显而易见。信息技术使得利用价格系统的成本大为降低，设备每年都在变得更便宜和功能更强大，互联网络和手机极大地降低了公司之间的协调与合作成本，因此股份公司不再是组织发达经济体的必要方式。美国在20世纪初成为公司化程度最高的国家，许多其他国家的企业都效仿美国最终走上了公司化的道路。如今，美国在去股份公司化的道路上走得越来越远，这或许是煤矿中的金丝雀*。美国跨国公司习惯于将其最佳（或者非最佳）实践扩散至其在世界各地的其他运营实体，因此股份公司的衰落也有可能从美国扩散出去。

美国股份公司衰落的后果触目惊心：社会不平等加剧，人口流动性下降，社会保障体系受损。我们难以确定当代经济中的权势在哪里，更难以知道如何驾驭它。年龄低于30岁的那一代人面临着沉重的大学债务和动荡的经济形势，这种经济形势由神秘莫测的规则所支配；而即将退休的那一代人因医疗保健和养老金融资问题身处极不安全的处境。

《消失中的美国股份公司》系统地阐述了美国股份公司的消失及其含义。现在大多数人依旧用过时的理论来理解我们的经济，这种理论将股份公司视为经济面貌的主要特征。我希望为大众、商人和政策制定者提供一种理论视角，使他们能更加容易解读我国经济发展的现状。如果我们不理解正在发生中的经济结构的变化，那么就不能解决这些变化带来的问题，并建设一个为所有人共享的健康经济。

---

* 金丝雀对瓦斯十分敏感，只要矿坑内稍有些许瓦斯，它们便会焦躁不安甚至啼叫不止。根据这一警示，矿工们便可及早撤出矿坑。为此，以前矿工们都会在矿坑里放置金丝雀，当作瓦斯浓度达到上限的示警工具。——译者注。

第一篇

美国的股份公司世纪

在美国，20世纪是股份公司的世纪。世纪初，美国经济变得"股份公司化"，在随后的几十年中，股份公司是美国最重要的企业组织形式，它提供商品、服务、就业岗位和投资利润。但是，与美国的股份公司相比，世界各地的股份公司看起来非常不一样，这反映了各国的政治和历史制度差异。正如"早餐"一词在不同的文化里指的是各种不同的食物一样，"股份公司"一词在美国、德国、韩国和中国均意味着不同的企业组织形式。在20世纪的大部分时间里，上市公司——股票在股市中进行交易的公司——在美国经济中所发挥的作用要远远大于其他企业组织形式，而在德国，则小型家族企业在经济中发挥着重要作用。有很多企业组织形式与股份公司无关——"股份公司"不是"企业"的同义词。

美国的上市公司大多随着大规模生产和运销而成长，因北美大陆范围的消费市场而变得可行。规模经济意味着越大就越有效率。它还意味着股份公司所需要的资本规模太大，难以通过私营合伙制和银行来提供资金：股份公司需要股东。在20世纪的大多数时间里，规模庞大是美国股份公司的显著特征，大公司通常都在股票市场上市。

同时，大型的全国性股份公司同银行家共同创造了令人生畏的势力的积聚。美国进步主义运动提倡扩大联邦政府，使其强大到足以制衡那些新型股份公司，包括设立食品药品管理局那样的监管机构和劳工部那样的新型内阁部门。一个大规模的国家政府伴随着股份公司的成长而成长。

在经历了20世纪30年代的《劳动法》、第二次世界大战的战争动员以及涉及主要产业的战后劳资协议等事件之后,美国股份公司伴随着广泛共享的社会契约而发展,而这些社会契约包括稳定的就业、职业发展阶梯、诸如雇员及其家庭的健康保险和退休保障等社会福利。这对应着一个空前繁荣、相对平等以及人口高度流动的时代,它在很大程度上由股份公司经济所支撑。在二战后的 30 年时间里,美国公司持续变得规模更大、经营范围更广。

第1章 美国和世界各地的股份公司

我们的生活环境被股份公司及其产品所包围。在家里,在工作中,在公共场所,我们看到它们的商标(如可口可乐公司),食用它们的食品(如麦当劳公司),使用它们的产品(如苹果公司),追踪它们的股价,并且将它们的名字当作动词使用(如谷歌、施乐公司)。股份公司似乎统治着这个世界。

本书提出了一个令人吃惊的主张:股份公司在衰落,并且其在美国的支配地位正在终结。有很多理由说明这是一个令人吃惊的主张。一个多世纪以来,上市公司(在股市中出售股份的公司)是美国经济的最重要的组织形式。[1] 上市公司是最大的生产主体,它们生产大部分的产品。大部分美国家庭都持有美国股份公司的股票,并且许多美国家庭在公司就职的家庭成员都依赖于这些投资来为他们自己的退休提供养老保障,以及为子女上大学提供资金。[2] 股份公司还深深地嵌入美国的政治体系之中,用其经济势力来推动有利于其自身利益的政策。不管你是爱还是恨它们,它们似乎都是不可或缺的。

我们倾向于认为股份公司是整个经济图景中的永恒部分,就像山脉总是在那里一样。不过,股份公司更像是凡尔赛宫,其主人路易国王就在那里接受朝拜。法国的君主政体似乎是永恒的,上帝赋予其统治国家的权力。但是,在法国大革命期间,君主政体及其相关制度被推翻了。人们世世代代认为理所当然的事情——甚至是月份的名字和度量的单位——都是可供争夺的。

我们认为,目前股份公司也处在类似的境况当中。在很多领域,股份公

---

[1] 关于上市公司对美国经济的重要性描述性统计数据,请参阅:杰拉尔德·F. 戴维斯(2013),"股份公司之后",《政治学与社会学》第41卷,第二期,第283~308页。

[2] 请参阅:杰拉尔德·F. 戴维斯(2008),"一种新的金融资本主义?共同基金与美国所有权的再集中",《欧洲管理评论》第5期,第11~21页。

司已丧失其继续存在的价值。股份公司的衰落将给美国人的生活带来重大改变，从如何谋生到如何获得卫生保健，再到如何提供养老保障，等等，无不受其影响。

本章通过解释什么是股份公司、为何股份公司在不同的国家有不同的表现、为何股份公司正在发生变化等问题，为本书的其他章节提供背景信息。尽管许多人认为"股份公司"是"企业"的同义词，但实际上，股份公司是一种从事生产经营活动的非常具体的形式，而上市公司又是一种特殊类型的股份公司。在我们进行深入分析之前，应该对相关术语了然于心。

什么是股份公司？

"股份公司"这个词让我们想起等级、金钱和权力。如果要描述股份公司，或许人们会勾勒出一幅金字塔般的组织图，而占据顶尖的是一位中年男性白人，他留着一头浓密的头发，穿一身昂贵的西服套装，看起来像不苟言笑的亚历克·鲍德温。

对于美国人来说，全盛时期的通用汽车公司可以作为股份公司的恰当代表。在巅峰时期，通用汽车公司拥有近百万的雇员，包括工厂里数量庞大的工会工人和住在底特律总部大楼里的白领职员。通用汽车公司原本是世界上最大的汽车制造企业，分支机构遍布世界各地，昼夜不停地生产着汽车。1955年，《财富》世界500强首次发布，通用汽车公司位列榜首。在《摩登时代》里，查尔斯·卓别林上演了一个永不磨灭的产业工人形象，他们在类似通用汽车这样的公司里工作，物理性和隐喻性地深陷于公司的齿轮中。

我们大多数人都将股份公司视为特定种类的组织。2012年的美国总统候选人威拉德·米特·罗姆尼曾经告诉一位诘问者："股份公司是人民，我的朋友！"在他这样说的时候，实际上是表达了这样一种意识：股份公司仅仅是一群人——有时候是一大群人——在一起从事生产经营活动。[①]

然而，如果你问一位律师，他会回答你股份公司无非是一种具有法律机

---

① 请参阅："米特·罗姆尼说'股份公司就是人民'"，菲利普·洛克，《华盛顿邮报》，2011年8月11日，http://www.washingtonpost.com/politics/mitt-romney-says-corporations-are-people/2011/08/11/gIQABwZ38I_story.html。

制的组织形式，它有一些有益于契约和融资的特征。股份公司通常具有有限责任、法律人格以及无限寿命。有限责任意味着当有人与股份公司做生意比如借钱给股份公司时，他明白股份公司是作为一个实体欠了他这笔钱，而不是股份公司的所有人或管理者欠他钱。如果股份公司破产了，出借方不能到股东家里动手把他的财物拉走。然而，有限责任并不意味着股份公司的股东或所有人及其雇员不用对他们的行为负法律责任，以股份公司的名义犯罪的高管依然是罪犯。

法人资格意味着公司就跟一个人一样，可以"订立"契约和拥有物品。公司不仅仅是一群人，而且是有独立于人自身的独立的存在。当然，法人资格并不意味着股份公司具有与人同等的权利。

无限寿命意味着股份公司可以由不同的人维持，可以永远地存续下去。股份公司的所有雇员和股东都可以更换，但是它还是那家股份公司。

股份公司不仅仅适用于商业活动，而且还适用于其他许多领域。非营利性组织和市政当局常常采用股份公司的法律组织形式。达特茅斯学院董事会诉伍德沃德案（Trustees of Dartmouth College v. Woodward）是历史上最著名的诉讼案之一，美国最高法院于1919年对该案做出了裁决，该案奠定了股份公司的法律地位——在本案中，它是达特茅斯学院及其契约的不可侵犯性。[①] 股份公司的人事变化并不非自然而然地意味着公司地位和契约义务的变化。

股份公司在很多重要方面都不同于其他组织和法律实体。将前后二者区别开来可以决定各种非常实际的问题，比如由谁或用什么来支付税款，是谁或什么实体具有财务责任，向谁或用什么形式进行放款，等等。

不过尽管股份公司具有其特殊的法律地位，但是它易于创立也易于破产。通过登录网站 http://liberiancorporations.com/corporate-entities/corporation/forms/，你可以访问利比亚公司注册局，立即创立一家股份公司。你在"虚拟的利比亚"空间里并不孤单：以迈阿密为基地的皇家加勒比邮轮公司也在利比亚注册，它与许多其他公司一样，公司的物理实体位于美国境内，但获得并保持利比亚的公民身份可以获得大量的税收优惠。[②]

---

① 美国最高法院的裁决文本可以通过如下链接获得：https://www.law.cornell.edu/supremecourt/text/17/518。

② 关于皇家加勒比海公司的年度报告和利比里亚公司的税收优惠，请参阅：http://www.sec.gov/Archives/edgar/data/884887/000088488715000025/rcl-20141231x10k.htm。

有些大企业压根就不是"股份公司"。汽车制造商克莱斯勒公司——拥有 500 亿美元的总收入和 72 000 名雇员——在被戴姆勒出售以后,成了一家有限责任公司(LLC),而不是股份有限公司(Inc.)。一家 LLC 是一家"有限责任公司",它是一种介于股份公司和合伙企业之间的法律混搭物。在美国,LLC 也许已经成长为最常见的企业组织的法律形式(而且 LLC 可以为母公司所拥有,比如亚马逊服务有限责任公司为亚马逊股份有限公司所拥有)。已故的法学家拉里·利伯斯坦将 LLC 和其他企业组织形式列为"非股份公司",以便将它们区别于传统的股份公司和合伙企业。有限责任公司除对其所有者承担有限责任外,通常要比股份公司具有更低的创立费(某些州低至 50 美元),且具有高度的灵活性,还享受某些税收优惠。

虽然"股份公司"与"有限责任公司"及其他法律组织形式之间的区别似乎是微不足道的,但是我们有充分理由说明,为何有限责任公司变得如此地受欢迎,为何股份公司却处在衰落之中。其中一个原因是监管:当国会希望企业规矩行事的时候,它的手段常常是批准各类证券法通过,而这些法律仅仅跟上市公司有关。作为一个例子,《反海外腐败法》(旨在阻止一些公司的行贿活动)和《多德-弗兰克法案》(如果股份公司生产的产品含有可能向刚果民主共和国的暴行提供资金的"冲突矿物",则股份公司必须加以披露)就仅仅适用于上市的股份公司,而不适用于有限责任公司。尽管本书并不重点关注有限责任公司,但是有限责任公司的盛行清楚地表明,除了股份公司外,还有许多其他法律意义上的企业组织形式。[①]

本书关注的股份公司是"上市公司",这是最典型的企业组织形式。每当人们想到企业的时候,就会想到绝大部分公司都是上市公司,比如通用汽车公司、苹果公司、沃尔玛公司、埃克森美孚公司以及可口可乐公司。"Public"一词在这里稍微有些令人迷惑,因为上市公司并不意味着"被广大公众所拥有"(像国家公园那样),而是意指"把股份放在股市里进行交易"。说它是"public",是指公众可以买卖它的股份(相对于诸如合伙企业和家族企业而言)。当公司"首次公开上市"或进行"首次公开募股"(IPO)时,其股份便可以在股市中买到。如果这类公司是美国公司的话,则几乎无一例外地要按

[①] 对有限责任公司和其他企业组织形式的极好的介绍是拉里·E. 利宾斯坦(2009)的《非股份公司的兴起》(牛津:牛津大学出版社)。

照50个州中的某个州的法律组建股份公司（通常是特拉华州的法律，原因随后解释）。

在整个20世纪的大部分时间里，诸如美国电话电报公司和通用汽车公司这样的上市公司控制着美国的大部分经济活动。这些股份公司的衰落正是本书的主题。

"股份公司"和"企业"不是一回事

在日常用语中，"公司"经常指的是任何与商业、金融或者金钱有关的事务。几乎任何比夫妻店更大的企业都被称作公司，即使它是一家合伙企业或家族企业或者其他形式的企业（比如大多数麦当劳的门店）。① 也许是由于在20世纪的大部分时间里发生了企业组织形式的广泛公司化，因此大部分商业活动均被视作公司业务，除非可以通过其他方式证明它不是公司。

"公司"常常被当作诨名来用。当我们说某些人在"做公司"时，我们的意思是他们西装革履，碰到人就握手，整天叨叨着附加值、杠杆和核心竞争力等词。当乐队枯燥乏味、华而不实以及过量演奏的时候，乐队也是公司。"公司"是"独立经营"或"曲高和寡"的反义词。

但是，在我们谈论股份公司的时候，做到含义精确是值得的。当一些媒体的评论员担心"公司金钱"支配政治活动时，他们的意思是有钱人（及其控制的影子机构）具有太大的影响力了。科赫兄弟常常被当作公司影响力的典型代表，尽管科赫工业集团——科赫兄弟的财富来源——是一家私营企业而非上市的股份公司。②

对于一名对冲基金的百万富翁来说，其财富来自注册于开曼群岛的有限责任公司还是上市于纽约股票交易所的特拉华股份公司，真的有那么重要吗？股份公司，特别是那些上市公司，确实在很多重要方面都不同于其他企

---

① "麦当劳提高它经营的门店员工的薪酬"，斯蒂芬妮·斯特罗姆，《纽约时报》2015年4月1日，见 http://www.nytimes.com/2015/04/02/business/mcdonalds-raising-pay-for-employees.html?_r=0。

② 请在 http://www.forbes.com/companies/koch-industries/ 上参阅《福布斯》公司排行榜，它是"2014年美国最大的私有公司"。

业组织形式的经营方式，包括从融资和纳税方式到承担债务和法律责任的对象。这就是为什么何迈克尔·戴尔及其同事愿意以极大的代价将戴尔电脑公司转变为私营企业（即购入全部戴尔公司的股份，进而从股票市场摘牌）的原因。① 上市公司要比其他形式的企业经受更严格的检查和更广泛的监管。对于那些需要从事大规模重组或意欲规避监管的企业来说，有许多理由避开上市。换言之，对于政府来说，约束上市公司的行为常常要比引导私营企业的行为更容易。这对于政府制定公共政策以及引导公司合规经营来说是非常重要的。

世界各地的股份公司看起来各不相同

股份公司是如何看起来像早餐的呢？这个问题看起来含混不清，但实际上让我们细想一下全世界各国早餐的食品种类吧：在瑞典，早餐可能是熏鱼和黑面包；而在韩国，则可能是汤和米饭；在法国，可能是果酱牛角面包；在以色列，是新鲜沙拉和鱼；在瑞士，是麦片和酸奶；在加拿大，是薄煎饼和糖枫汁；而倒霉的英格兰市民，则可能一大早就被迫吃香肠、鸡蛋和焗豆。

早餐除了指一天中的第一顿饭之外，其含义在世界各国似乎差异极大。人们在管一天中的第一顿饭叫"早餐"的时候，实际所提供的关于吃什么的信息是非常少的，无非是仅仅提供了何时吃饭的少量信息。"股份公司"一词也是这样。尽管我们也许期望世界各国的股份公司有一些基本的共性，但是我们可能错了，因为即使最成功的工业化经济体也存在着各种完全不同的股份公司。

让我们从股份公司的顶层开始：董事会应该是个啥样？董事会监督公司的总体运营，对公司的活动和业绩承担最终责任。在金融市场全球化的条件下，人们可能期望世界上的顶级股份公司在公司治理的最佳实践方面表现得相当标准化。但是，在美国，公司董事会通常拥有10名左右的董事——首席执行官（CEO）、首席财务官（CFO）以及8名独立外部董事。例如，通用汽车公司的董事会仅有1名内部董事，但却有11名外部董事，

---

① 请参阅："戴尔在华尔街之后的生活"，昆廷·哈迪，《纽约时报》2014年11月2日，见 http://www.nytimes.com/2014/11/03/business/dells-life-after-wall-street.html。

他们主要由退休的首席执行官构成。① 而在日本，董事会成员的人数可能是美国的两倍，其中很大一部分是公司的内部董事。在丰田公司的董事会中，15 名董事中的 12 名都是现任或先前的公司高管。② 在德国，法律规定公司的半数监事会成员必须由雇员选举产生，以确保有人代表劳工方参与公司的决策。戴姆勒公司就是这样，其 20 名监事会成员中的 10 名是由雇员选举产生的。③ 中国吉利汽车公司的董事会包括 8 名公司高管和 6 名非高管董事。④

总之，即使在世界上最大、最成功的四大经济体之间，即使在同一个产业里，也不存在关于董事会形式的共同标准。事情始终是这样的，正如早餐一样，世界各国的股份公司看上去非常不一样。

各国在上市公司的数量乃至是否拥有股份公司的方面也存在着极大的差异。我们倾向于将股份公司想象成一种不可阻挡的入侵物种，像竹子一样蔓延，但是它在某种意义上更像是兰花，需要非常特殊的繁荣条件。世界上有一半的经济体甚至没有股票市场，这就排除了上市公司存在的可能性。而在那些拥有股市的经济体中，其中一半开设股市的历史还不到 30 年。⑤ 苏联的解体留给前社会主义国家一个共同的问题：如何大规模地将国家所有制转变为私人所有制。后来整个东欧，由于"大规模的私有化"，致使股市在短时间里呈爆发式增长，国有企业的可转让股份在这些股市里被转让给百姓。在 1949 年至 1990 年期间，中华人民共和国始终没有股票市场，而如今，上海证券交易所是世界上最大的股票交易所之一。

但是，股份公司既不是经济活力的必要条件，也不是经济活力的充分条件。一个国家可能经济活跃但却只有少数股份公司，而也有可能经济疲软但

---

① 关于董事会的完整描述请登录通用汽车公司的网站：http://www.gm.com/company/aboutGM/board_of_directors0.html。
② 请登录 http://www.toyota-global.com/investors/ir_library/annual/pdf/2014/p34_43.pdf，参阅丰田公司的最新年报。
③ 治理戴姆勒监事会的法律描述请参阅如下网址：http://www.daimler.com/dai/supervisoryboard。
④ 吉利的董事会成员列在如下网址：http://www.geelyauto.com.hk/en/management.html。
⑤ 请参阅：克劳斯·韦伯、杰拉尔德·F. 戴维斯与迈克尔·劳恩斯伯里，"作为神话与仪式的政策？股票交易所的全球性扩散，（1980—2005）"，《美国管理学会学报》第 52 卷，第 1319 ~ 1347 页。

却有许多股份公司。根据世界银行的数据，泰国在2014年拥有613家股份公司。德国的经济规模几乎10倍于泰国，但却只有595家股份公司。作为现代股票交易所的诞生地，荷兰只有130家股份公司。越南，一个较为新近的转型国家，却拥有305家股份公司。[①] 总之，一个国家完全有可能在具有强劲的出口导向型经济的同时却只拥有少量的股份公司；而另一方面，即使拥有数量庞大规模的股份公司，也并不能保证一国经济具有活力。

由于各国的历史和制度不同，因此各国的股份公司看上去也不尽相同。股份公司成长于一国发展进程中的各个不同节点上。美国的股份公司形成于铁路时代；在20世纪初，关于股份公司应该采用何种具体形式的问题存在许多不确定性，但是美国的股份公司随着制造企业的发展而发展。通过反复试错，股份公司最终变成了我们今天看到的样子。相比之下，韩国的股份公司是在20世纪56~60年代发展起来的，它们能够利用在其他国家经受了检验的模式。在广泛的战后经济发展议程的指导下，韩国多年来让股份公司与其自身的特定需求相适应。相反，随着苏联的解体，前东方集团经济体几乎在一夜之间转换为形式全新的股份公司经济。在某些情况下，这种转型成功了；而在另一些情况下，这种转型却是一场灾难，因为负责从共产主义社会向资本主义社会转型的官员们发现这是一个亘古未有的掠夺机会。王朝的财富一夜之间得以创造，但是我们很难视其为自由市场的胜利。

正如一个地方的建筑结构体现为该地方的传统和原材料一样，一个国家的股份公司的结构体现了这个国家经济和社会的方方面面。有些研究者发现，在决定一个国家所具有的股份公司和其他企业的类型上，有五大广义因素特别重要：**劳动力市场**的运行方式，**金融市场**向企业提供资金的方式，国家对**产品市场**竞争的鼓励和监管方式，**教育体系**的组织形式，以及**社会保障网**（诸如健康保险、失业保险和养老保险）的特点。[②]

例如，二战后的美国股份公司为其雇员提供了健康保险和退休养老保障，但这也使其雇员依存于股份公司，给股份公司带来了别国企业所没有

---

① 关于股市的数据可从世界银行的《世界发展指标》中获得，其网页是http://databank.worldbank.org/data/reports.aspx?source=world-development-indicators。

② 请参阅：彼得·霍尔和大卫·索斯凯斯（2001），《资本主义的种类：比较优势的制度基础》（牛津：牛津大学出版社）；布鲁诺·阿玛布尔（2003），《现代资本主义的多样性》（牛津：牛津大学出版社）。

的费用。为了应对这些要求，美国的股份公司精心地设计了人力资源功能。而在丹麦，不管工人是否就业，国家政府都得确保他们能得到健康保险和退休养老保障，这使得开办新企业的成本比较低，工人为这些企业工作的风险也比较低。

不过，将惯例和制度从其他国家移植过来的努力常常是注定要失败的，因为它们需要支撑性的"生态系统"来发挥作用。"为何贵国不能像德国那样拥有一个繁荣的出口导向型制造产业？"德国的制造企业得益于如下因素：一个强大的职业教育系统，该系统为入门级工作职位培养熟练工人；劳动力—管理层协作的传统；家族所有制外加银行融资（而非市场融资）；全球市场（而非仅仅国内市场）销售的长期定位；一个鼓励雇员投资于技能发展的成熟的社会福利系统。由于土壤和气候的原因，咖啡难以在加拿大种植；同理，由于美国不存在适宜于德国式企业生长的合适的制度性生态系统，因此同样不能将德国式制造企业植入美国。值得注意的是，诸如宝马公司这样的少数德国企业，正试图将其部分传统的生态系统（比如职业培训）复制到美国的南卡罗来纳州来。

美国的股份公司

与几乎所有其他国家相比，自20世纪初以来，美国就在很大程度上实现了股份公司化经济，其股份公司控制了美国的大部分财产，并雇用了大部分的劳动力。[1]

一些社会机构在股份公司面前显得小巫见大巫。在1910年，美国钢铁公司的资产就远远超过联邦政府的年度预算。[2] 到1930年，区区200家股份公司控制了全美国股份公司的资产的一半之多。[3] 当时有评论家说，与其说股

---

[1] 请参阅：杰拉尔德·F. 戴维斯（2009），《由市场来管理：金融是如何重塑美国的》（牛津：牛津大学出版社）。

[2] 根据《穆迪氏工业手册》的估计，美国钢铁公司的资产在1910年达到13.7亿美元。请登录 http://www.usgovernmentrevenue.com/year_revenue_1910USbn_16bs1n，查阅美国联邦政府的总预算，其金额是8.748亿美元。

[3] 请参阅：阿道尔夫·A. 伯利和加德纳·C. 米恩斯（1932），《现代股份公司与私有财产》（1991年重印版）。

份公司像传统家族企业，还不如说它更像民族国家。1953 年，通用汽车公司首席执行官（后来曾任国防部部长）告诉国会："有利于国家的事情就有利于通用汽车公司，反之亦然。"这种说法并不是在显示其傲慢和讽刺。① 经济的健康与大型股份公司的健康是不可避免地联系在一起的。大型股份公司在很大程度上就是美国经济，第二次世界大战之后尤其如此。

但是，如果股份公司是美国经济的基础，那么我们就需要加以关注。2015 年，通用汽车公司的雇员人数与 1928 年相同，但只有 20 世纪 80 年代的四分之一（见下图 1.1）。如今，其全部北美员工的人数大致等于著名的福特胭脂河工厂在 20 世纪 30 年代的雇员人数。

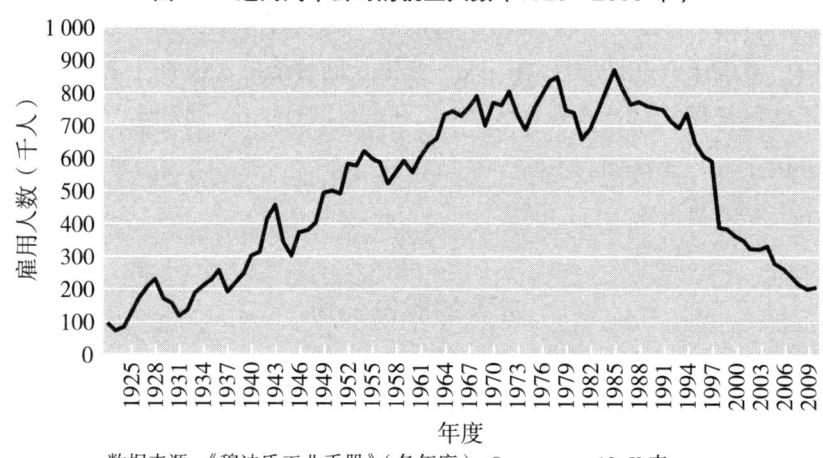

图 1.1 通用汽车公司的就业人数（1923—2009 年）

数据来源：《穆迪氏工业手册》（各年度），Compustat，10-K 表。

乐观主义者可能会说那些工人已转移到其他正在成长中的产业之中了，比如计算机和电子产业。但是，根据劳工统计局的数据，自 2000 年以来，计算机和电子产业的就业实际上是在剧烈地收缩，这导致美国的就业岗位减少了 750 000 个（见下图 1.2）。难道是许多工人都转移到通信与信息服务产业上去了？不是的，这些产业在 2013 年的就业岗位要比 2000 年减少一百万之多（见下图 1.3）。②

---

① 《通用汽车的"查利发动机"威尔逊学会了适应错误的引用》，贾斯廷·海德，底特律自由出版社，2008 年 9 月 14 日，另见 http://archive.freep.com/article/20080914/BUSINESS01/809140308/GM-s-Engine-Charlie-Wilson-learned-live-misquote。

② 行业就业数据可以从劳工统计局获取，网址为：http://www.bls.gov/data/#employment。

图 1.2 美国电脑与电子产品行业的就业人数（1988—2011 年）

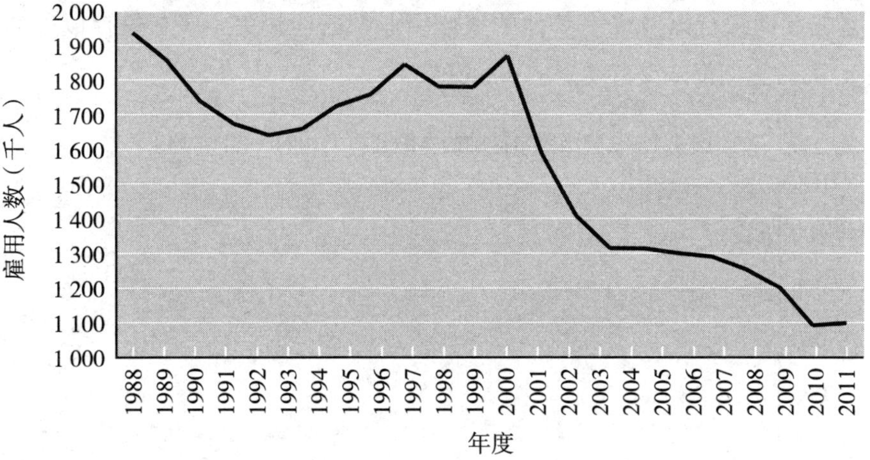

数据来源：美国劳工统计局。

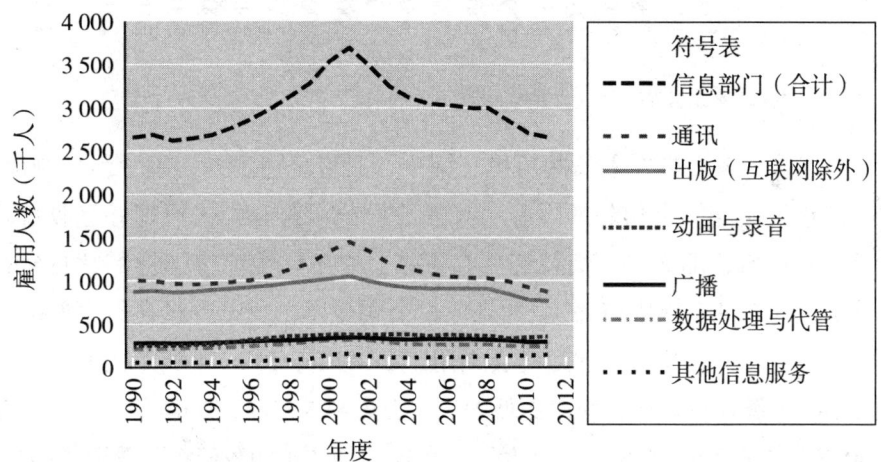

图 1.3 美国信息部门的就业人数（1990—2012 年）

数据来源：美国劳工统计局。

实际上，上市公司的数量在最近几年发生了急剧的下滑。2012 年，美国上市公司的数量不到 1997 年的一半（见下图 1.4）。① 正如我们即将看到的那样，这并不仅仅是由于公司的整合和兼并造成的，西屋公司、国际电话电报

---

① 上市公司的数据来自世界银行的《世界发展指标》，其网址是：http://databank.worldbank.org/data/reports.aspx?source=world-development-indicators。

公司、柯达公司、电路城公司、百视达公司、鲍德斯书店、雷曼兄弟公司、华盛顿互助银行以及许多其他的家族企业都已经消失（或者仅存以往的痕迹），而且它们都并没有卷土重来的迹象。

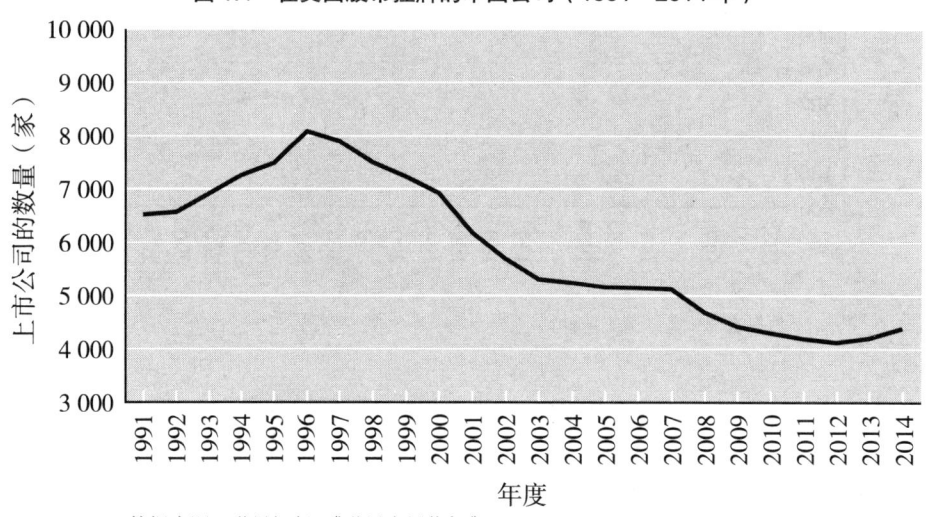

图1.4 在美国股市挂牌的本国公司（1991—2014年）

数据来源：世界银行，《世界发展指标》，2014。

本书认为，至少在漫长的历史长河中，股份公司不是一种永恒的制度，相反，它仅仅是一个匆匆的过客。只要股份公司符合经济原理并且收益超过投入的成本，那么，它们就能生存下去。它不是吸血鬼那样的超自然存在物（尽管它具有无限寿命）。如果股份公司收不抵支，并且还有更好的经营方式替代它们，那么，它最终会倒闭。如果拥有2 000名员工的网飞公司（Netflix）能够比百视达公司以更低的成本提供影像产品（2004年，百视达拥有80 000名员工），那么，百视达公司就会消亡。[①]正如我们将要看到的那样，股份公司甚至是营利性企业，但它未必是赢家，比如，如果非营利的维基百科做得要比大英百科全书好，那么，这家拥有240年历史的机构就会关闭（除非

---

① 就业数字来自美国证券交易委员会的EDGAR数据库的年度10-K报表，网址是：http://www.sec.gov/edgar/searchedgar/companysearch.html。如果要查找网飞公司的数据，请登录 http://www.sec.gov/Archives/edgar/data/1065280/000106528015000006/nflx201410k.htm。如果要查找百视达的数据，请登录 http://www.sec.gov/Archives/edgar/data/1085734/000119312505063510/d10k.htm。

它找到一位不关心利润的干爹）。棒球没有哭泣，同理，在公司世界里也没有多愁善感。

不过，虽然上市公司很好地适应了20世纪的经营要求，但是它日益地不能适应21世纪的商业活动。股份公司是在特定条件下做事情的工具，就像君主制度和柴油机卡车一样。作为一种社会制度，我们也许对股份公司持敬畏的态度，就像对待教堂和家庭持有敬畏的态度一样，但无论如何，股份公司都还只是是一种经济制度，而且是一种过时的制度——至少在很多经济领域是如此。

第 2 章　股份公司是如何征服美国的

我们今天所知道的股份公司经济看起来好像是经济景象中的永恒特征，就像一座经济山脉一直待在那里，但其实现代股份公司是在 20 世纪初出现的。

让我们来看一下美国一些行业的龙头公司的诞生年份：美国电话电报公司（1885 年）、柯达公司（1888 年）、通用电气公司（1892 年）、西尔斯–罗巴克公司（1893 年）、美国钢铁公司（1901 年）、通用汽车公司（1908 年）以及国际商用机器公司（1911 年）。20 世纪之交前后二十年左右的时间是一个引人瞩目的时间段：横跨全球、长达百年的数十家商业公司诞生了。就像寒武纪大爆发一样，大量的物种在转瞬间就出现了。

1890 年之前，在美国股市挂牌的大多数股份公司是铁路公司或其他基础设施企业。① 道琼斯工业指数的前身包括 10 家铁路公司、太平洋邮船公司（一家轮船公司）、西联汇款公司（一家电报公司）。② 那个时代的敛财大亨——范德比尔特、古尔德、斯坦福以及哈里曼——大多在铁路上发了财，仅有安德鲁·卡耐基是一个例外，因为他的同名公司是美国最大的钢铁公司。尽管规模相对较大，但卡耐基钢铁公司却不是一家上市公司，而是一家合伙企业。同样，约翰·D. 洛克菲勒的财富来自标准石油公司，但它依然不是一家上市公司，而是由几个家族控制的信托机构。

在一番喧闹之后，少数几家大型股份公司终于脱颖而出并将优势地位保持了好几代。让我们来看看不同时期列入道琼斯指数的"蓝筹股"都属于哪

---

① 关于 20 世纪初公司发展呈大爆发式增长的历史，请参阅威廉·G. 罗伊（1997）的《社会化资本：美国大型工业股份公司的兴起》（普林斯顿：普林斯顿大学出版社）。
② "历史上道琼斯工业平均指数的成分股"来自标准普尔道琼斯指数公司，其网址是：http://www.djindexes.com/mdsidx/downloads/brochure_info/Dow_Jones_Industrial_Average_Historical Components.pdf。

些股份公司。1896年的第一版道琼斯工业指数包括新兴工业经济的12家龙头股份公司，它们分别是：美国棉油公司、美国制糖公司、美国烟草公司、芝加哥煤气公司、蒸馏与牲畜饲料公司、通用电气公司、拉克尔德煤气照明公司、国家铅业公司、北美公司、田纳西煤钢与铁路公司、美国皮革公司以及美国橡胶公司。9年之后，道琼斯指数里的三分之二公司被替换了；又过了10年，道琼斯指数里不断更换公司的局面才开始平息。到20世纪30年代初，道琼斯指数涵盖了如下人们所熟知而稳定的蓝筹股，发行这些蓝筹股的股份公司将在20世纪的大部分时间里代表美国资本主义发展的走向（见表2-1）。[①] 实际上，1932年的道琼斯指数中的大多数股份公司在55年之后的1987年依然保留在其中。

表2-1 道琼斯工业指数成分股（1896—1987年）

1896年	1905年	1916年	1932年	1987年
美国棉油公司	统一铜矿公司	美国甜菜糖公司	联合化学公司	联合信号公司（联合化学）*
美国制糖公司	美国汽车与铸造公司	美国罐头公司	美国罐头公司	美国铝业公司
美国烟草公司	美国熔炼公司	美国汽车与铸造公司	美国熔炼公司	美国罐头公司
芝加哥煤气公司	美国制糖公司	美国机车公司	美国烟草公司	美国捷运公司
通用电气公司	科罗拉多燃料与钢铁公司	美国熔炼公司	伯利恒钢铁公司	美国电话电报公司
拉克尔德煤气照明公司	国家铅业公司	美国制糖公司	波登公司	伯利恒钢铁公司
国家铅业公司	人民煤气公司	美国电话电报公司（AT&T）	克莱斯勒公司	波音公司
北美公司	田纳西煤钢与铁路公司	安纳康达铜业公司	可口可乐公司	雪佛龙公司
田纳西煤钢与铁路公司	美国橡胶公司	鲍德温机车公司	美国药品公司	可口可乐公司

---

① "历史上道琼斯工业平均指数的成分股"来自标准普尔道琼斯指数公司，其网址是：http://www.djindexes.com/mdsidx/downloads/brochure_info/Dow_Jones_Industrial_Average_Historical Components.pdf。

(续 表一)

1896年	1905年	1916年	1932年	1987年
美国皮革公司	美国橡胶公司	中部皮革公司	柯达公司	杜邦公司
美国橡胶公司	美国钢铁公司	通用电气公司	通用电气公司	柯达公司
	美国钢铁公司	古德里奇公司	通用食品公司	埃克森石油公司
		共和钢铁公司	通用汽车公司	通用电气公司
		斯图德贝克公司	固特异轮胎公司	通用汽车公司
		得克萨斯公司	国际商用机器公司	固特异轮胎公司
		美国橡胶公司	国际收割机公司	国际商用机器公司
		美国钢铁公司	国际镍业公司	国际纸业公司
		犹他铜业公司	国际鞋业公司	麦当劳公司
		西屋电气公司	佳斯迈威公司	默克公司
		西联汇款公司	洛斯公司	明尼苏达矿业制造公司
			纳什汽车公司	纳威司达公司（国际收割机公司）
			保洁公司	菲利普-莫里斯公司
			希尔斯罗巴克公司	宝洁公司
			加州标准石油公司（雪佛龙）	西尔斯-罗巴克公司
			新泽西标准石油公司（埃克森）	德士古石油公司
			德州公司（德士古）	联合碳化物公司

（续 表二）

1896年	1905年	1916年	1932年	1987年
			联合碳化物公司	联合技术公司
			美国钢铁公司	美国钢铁马拉松公司（美国钢铁公司）
			西屋电气公司	西屋电气公司
			伍尔沃斯公司	伍尔沃斯公司

* 粗体字表示1932年以来持续经营的股份公司。
数据来源："历史上道琼斯工业平均指数的成分股"，道琼斯指数。

大规模生产、大规模运销以及"大经济学"

对美国大型股份公司崛起的标准解释源自阿尔弗雷德·钱德勒的《看得见的手——美国企业的管理革命》。[1] 钱德勒是一位企业史学家，他因该书于1978年获得历史学普利策奖。在书中，他描述了一组在特定时间内同时出现的因素，而使得广为人知的大型等级制股份公司的创立成为可能，尽管这种可能性不一定成为必然性。

是什么导致了20世纪初的几年时间里成为美国大型股份公司获得巨大发展的时期？在整个19世纪，美国从大西洋沿岸扩张到了太平洋沿岸，并且铁路和电报网在19世纪的下半叶覆盖了整个美洲大陆。这些因素共同创造了一个广阔的民族市场，该市场通过商品分销手段、共同的语言和共同的政府而得以统一。相比之下，欧洲由多个小型民族市场构成，并且没有共同语言。

与此同时，钢铁制造业伴随着其他产业的技术进步创造了"规模经济"，即越大越便宜。一家制造10 000吨钢的巨型工厂的成本要低于10家平均产量是1 000吨钢的工厂的总成本。与大规模生产相适应的生产线将规模经济扩大到了大量制成品上。规模经济结合全国性的铁路系统使得如下情况变得可行：

---

[1] 请参阅：小阿尔弗雷德·钱德勒，《看得见的手：美国企业的管理革命》（麻省，坎布里奇：贝尔纳普出版社，1977年）。

在匹兹堡生产大量钢铁，在卡姆登生产汤品罐头，在底特律生产汽车，在辛辛那提生产肥皂，在阿克伦城生产轮胎，等等。

不过，仅有技术并不会给美国带来纵横整个 20 世纪的经济巨型组织，除此之外，还需要管理技术的进步，即需要等级制度结构，它使各不相同且常常分散的营运单元变得可以协调，它允许对新的产业劳动力实施控制。巨型的钢铁厂、零售连锁店、汽车厂不会自己运行，它们需要管理。军队、铁路以及政府具有传统的管理条例和办法，但是新兴的股份公司却将这些传统的管理提升到了一个新的水平。在第一次世界大战之后，新型的商学院成了一代代职业经理的培训基地，接受过培训的职业经理又被调配到新型企业的管理岗位上去。正如钱德勒所说的，这是一场管理的革命。从此以后，股份公司将由训练有素的职业经理来管理，而不是由企业的家族成员来管理。

股市为何重要？

规模是所有新型股份公司所共有的特征。在某一行业范围内，股份公司越大越好，至少越大越经济。19 世纪的美国经济在很大程度上是由农业经济和地方性经济共同支撑的，每个城镇都有自己的酿酒厂和面包坊。但是，20 世纪的美国经济却是由全国范围的工业经济支撑的，这部分得益于规模经济。股份公司成为引发规模经济的渠道。"大公司经济学"为股份公司铺平了道路。

在此情况下，至少在美国，新的大规模生产和大规模运销组织几乎都不可避免地成了上市公司。这是为什么？

最简单的答案是规模。当然，巨大的规模一开始并不便宜，因为规模大到足以供应地区性或全国性市场的企业需要庞大的固定投资，而这种投资超越了企业创办者和少数私人投资者的财力范围。但铁路行业的实践证明，股份公司是一种从许多投资者那里汇聚长期资本并投入企业的恰当的组织结构（尽管铁路行业备受倒闭和丑闻的困扰，并且足以让每一个关注者望而却步）。

当然，还有其他可供选择的做法，比如，在德国，银行具有为大型企业融资的手段。在其他国家，比如在法国，政府为铁路系统这样的大型企业提供资金并拥有它们的所有权。

但是，政治、传统以及规模使得上述选项不大可能被美国选择。直到现在，美国的银行相对于整个国家的经济仍显得小巫见大巫。20世纪90年代初，美国的商业银行（吸收存款、发放贷款的银行）仍被禁止跨州经营，并且许多州（比如艾奥瓦）禁止商业银行设立分支机构。但在同一时期，德国却拥有三家大型的全能银行，加拿大的银行业也由五家全国性的机构所主导，而美国则仅有几千家分散于全国各地的地方性银行。此外，美国的商业银行长期以来被禁止持有其他股份公司的股份，因而这就排除了以少数几家全国性银行为中心的德国型资本主义产生的可能性。[1]

在美国，产业的政府所有制实际上也是不可能的。在第一次世界大战之前，美国联邦政府的规模相对于美国经济的体量显得微不足道，美国各州的情况也大体如此。美国的政治体制决定了根本不可能有大规模的政府所有制，即使铁路系统，情况也是这样。尽管铁路系统的私营企业间的不受约束的竞争（以及宽松的监管）造成了该系统充斥着低效率和不断发生的财务困境，然而，如果政府不拥有铁路，你就很难想象它能拥有钢铁、制糖以及汽车公司。

并且，不同于世界上的任何其他市场，美国市场是一个大规模的市场，而且还在迅速地扩大。美国企业的高效规模（economical size）很可能大于法国整个国家。而美国企业长期需要大量资本，股票市场的优势是恰好可以提供资本。

私营企业并没有被股份公司完全消灭。最显著的反例可能是福特汽车公司。亨利·福特的同名公司（实际上是他创立的第三家公司）的创立要比通用汽车公司早好几年。在一个有几十家竞争者的行业中，福特公司于1913年率先引进了流水装配线，使得密歇根海兰帕克的一个工厂装配出一辆整车成为可能，从而早早成长为该行业的主导公司。这种新的生产方法极大地降低了成本，使得福特公司能够提高其员工的工资——考虑到装配线上的工人工作枯燥乏味，加薪是一个必要条件。

亨利·福特公司的纵向一体化生产愿景带来了著名的密歇根迪尔伯恩胭脂河工厂的创立，该工厂完工于1927年，最初雇用了75 000名工人。胭脂河工厂并非仅仅装配供应商提供的零部件，它还用福特公司自有的火车和轮船从公司自己的原材料基地运来各种物资，用来生产自己需要的钢铁、玻璃、

---

[1] 请参阅：马克·J. 罗，《管理者强，所有者弱：美国公司财务的政治根源》（普林斯顿：普林斯顿大学出版社，1994年）。

织物、电力以及水泥。① 福特公司甚至还在巴西拥有一个名为福特兰迪亚的橡胶种植园。

福特公司对资源控制的狂热扩张到了另一种生产要素上——资本。1919年，该公司还是为亨利·福特和少数当地投资者所拥有，而后，亨利买下了该公司的全部股份，该公司因而成了一家家族企业。到了1956年，该公司在纽约股票交易所进行了首次公开募股。直到今日，福特家族仍然控制着某类带有附加表决权的股票，这就保证了福特家族对该公司的控制权。②

不过，福特公司是通过销售越来越多的汽车而成长的。实际上，直到20世纪20年代后期，福特公司的发展主要依赖于一种产品的生产，即T型汽车，该车的利润能够为公司的成长和壮大提供资金。相比之下，20世纪初涌现的许多顶级公司都是由一些地区性的制造商合并成全国性的企业的。在1890年《谢尔曼反托拉斯法》颁布之前，同一个行业（比如铁路和石油）中的竞争者通常寻求协调业务、限制价格竞争，其手段是"托拉斯"组织，该组织在监督它的成员的某些活动的同时，放任其成员独立经营其他业务。1890年以后，托拉斯是非法的，但是企业直接合并却是合法的，结果出现了一大波合并潮，特别是在1898年到1902年之间。这些合并主要是由J.P.摩根这样的华尔街公司策划和安排的。1901年，卡耐基钢铁公司与其许多竞争者和供应商合并为美国钢铁公司（美国首家10亿美元级别的股份公司），使这波合并浪潮达到了巅峰状态。

对于新的钢铁公司来说，股份公司的结构被证明是最合适的。可以用股份而不是现金向合并的参与者进行支付，这使得新的公司保留了它的储备金，这些资金可用于业务活动的开支。股份可以通过股票交易所卖给第三方，投资者由此获得了流动性。在美国钢铁公司的合并交易中，安德鲁·卡耐基的份额估值高达近五亿美元，足以为遍及全国的公共图书馆和许多其他慈善机构建大楼提供资金。负责组织上市的银行家们也对上市公司抱有浓厚的兴趣，

---

① 请参阅：林赛-珍妮·哈德，"胭脂河工厂：昨天、今天与明天"，引自《城市与区域规划：经济发展手册》，密歇根大学陶布曼建筑与规划学院，2005年12月4日，http://www.umich.edu/~econdev/riverrouge/。

② 福特公司2015年的股东委托书对由福特家族信托机构控制的B类股票的投票权进行了解释，请参阅见网址：http://www.sec.gov/Archives/edgar/data/37996/000104746915002836/a2223357zdef14a.htm#QA5。

包括大量的佣金、流动性以及进行持续控制的期望。①

集中是不可避免的吗？

让我们来考察一下1914年初的世界整体状态。

在北美、欧洲以及中东，20世纪见证了一些国家政权的建立并集中到政府手中的情况。1815年拿破仑战争结束之后，欧洲享受了一个世纪的相对和平。到1871年，意大利和德国各自变成了一个统一的国家，它们将无数的小国合并为现代民族国家。奥匈帝国、俄罗斯帝国以及奥斯曼帝国控制着大片的欧洲、亚洲以及中东。各个欧洲帝国，尤其是英国和法国，占领着很大一部分的非洲和亚洲土地。

历史之箭似乎指向一个方向，即不断上升的政治集权化，它由小而热诚的国际社会所监控，其中的许多国家由一大群各自的表亲所统治。新技术和新产业，外加前所未有的全球贸易水平，确保在可以预见的将来人们生活水平日益提高——只要一路上没有发生什么意外。②

存在于国际社会的政治道理也同样存在于商业世界中。在一个接着一个的产业中，规模不大的地区性生产商合并为庞大的全国性和国际性企业。在汽车这样的年轻产业中，诸如福特公司这样的新进入者，迅速成长为巨型机构。正如钱德勒在其历史分析著作中所指出的那样，1914年的美国股份公司看上去已经很像20世纪之后的成熟的股份公司的样子。

然而，第一次世界大战突然终止了几个政治帝国的统治，这些国家之后分解成了它们的构成国，如波兰、土耳其、捷克斯洛伐克、伊拉克、奥地利等。与此相对的是，在随后的几十年里，特别是在美国，股份公司却继续变得更庞大、更包罗万象。

阿道夫·伯利和加德纳·米恩斯出版于1932年的《现代股份公司与私有财产》是关于现代股份公司的奠基之作，他们在书中写道："控制着巨型股份公司的少数人所掌握的经济势力是一股惊人的力量，它不但能使大批的人受

---
① 关于20世纪初的兼并潮的金融方面的书，请参阅罗伊的《社会化资本》。
② 请参阅：杰拉尔德·F.戴维斯，"21世纪的公司权力"，引自苏布拉马尼安·兰甘主编的《资本主义、商业与社会论文集》（牛津：牛津大学出版社，2015年）。

损或得益,还能使整个地域受到影响,能使贸易趋势得以改变,能使一个社区毁灭而另一个社区繁荣,它所控制的组织已经远远超出了私营企业的范围。这些股份公司几乎变成了某种社会机构。"当股份公司的资产控制变得有向心力或者越来越集中时,规模经济似乎就没有任何限制了,它会变得更大、更包罗万象,会雇用越来越多的人。巨型股份公司已经用一种新型的封建主义取代了竞争性资本主义,在这种封建主义下,企业高管充当诸侯的角色。因此,伯利和米恩斯预言式地断定:

> 我们可以认为现代股份公司不仅仅是一种社会组织,而且还是一种潜在的(即使还不是实际的)现代世界的主导制度……现代股份公司的兴起造成了经济势力的高度集中,使其自身能够与现代国家进行不相上下的竞争——经济势力对政治势力的竞争,双方均是各自领域的强者……将来人们可能会发现,这种现在被称作股份公司的经济有机体不仅与国家平起平坐,而且还有可能取代国家而成为支配性的社会组织形式。①

股份公司似乎无限制地成长,尽管对于这种成长的准确原因我们不得而知,但不管出于什么原因,伯利和米恩斯的预言却有先见之明。在他们的著作发表之后的半个世纪里,股份公司继续变得越来越庞大、越来越集中,它不仅影响了美国经济,而且影响了美国社会本身。

股份公司带来了什么?

弗吉尼亚·伍尔芙在其随笔《班尼特先生和布朗夫人》一书的开头提出了一个令人惊讶的观点:"大约在 1910 年 12 月前后,人类的性格改变了。"她继续写道:"所有的人际关系都改变了——主人与仆人之间、丈夫和妻子之间、父母与孩子之间。在人际关系改变的同时,宗教、行为、政治以及文学也都发生了改变。"②

回首过去,伍尔芙显然是对的:西方的文化和社会发生了巨大的变化。

---

① 请参阅:伯利和米恩斯,《现代股份公司与私有财产》,第 46、356 页。
② 请参阅:弗吉尼亚·伍尔芙,《班尼特先生和布朗夫人》,第 4 页(伦敦:霍加斯出版社,1924 年)。

爱因斯坦于 1905 年发表了他的狭义相对论；威廉·詹姆斯于 1907 年发表了他的实用主义演讲；在同一年里，毕加索画出了《阿维尼翁少女》；斯特拉文斯基于 1913 年首次公演了《春之祭》；这一年，在国际现代艺术展中举办了军械库博览会；马塞尔·普鲁斯特发表了《追忆逝水年华》。总之，在第一次世界大战前夕，科学、哲学、艺术、音乐以及文学均发生了现代主义的转折。①

经济也经历了巨变：农业经济转变为制造业经济，人们从农村流向城市；各种新型产业如雨后春笋般地出现，电影、汽车、飞机以及所有由电气化带来的家用产品进入千家万户。在发生其他社会变迁的同时，股份公司也悄然兴起。这一切难道仅仅是巧合？

后来的研究者发现，股份公司具有巨大的文化影响力。1949 年，管理大师彼得·德鲁克宣称，工业股份公司"决定了一个人的社会观"，即使那些不在股份公司里工作的人也一样。股份公司做事情的方式——特别是大规模生产——成为搞定其他事情的方式，包括从经营农场的方式到学校培养学生的方式，再到国家发动战争的方式。"大企业是我们这个社会秩序的真正标志……我们能够从工业企业中看到我们社会的基础结构。"②

股份公司是一股能够重塑社会的力量。在下一章里，我们将阐释社会是如何引入这股力量的。

---

① 请参阅：大卫·哈维，《后现代性的条件：论文化变迁的起源》（剑桥：布莱克维尔出版社，1990 年）。
② 请参阅：彼得·德鲁克，"新的社会（一）：大规模生产所引发的革命"，载于《哈珀杂志》（1949 年），第 21~30 页。

第3章 驯服股份公司

20世纪出现的大型股份公司造成了一个窘境：一方面，股份公司是工业经济的高效组织形式，它为社会创造并大规模地提供新的产品和服务，为无数的人创造工作岗位，将美国从农业和农村经济转到城市制造业经济上；另一方面，那些控制股份公司的人有巨大的经济影响力，如此年复一年，股份公司的规模似乎变得越来越大、权力越来越集中，这就给了他们操控整个国家经济和政治的潜在权力。那么，什么力量将阻止他们成为工业寡头？

综观美国历史，它的民众始终抵制国家经济和政治权力的集中化。由茶党在美国政治领域中的崛起可以看出这种抵制，而茶党的崛起又代表了一项长期运动的最新进展情况，该运动支持权力留在各州而不是集中于一个大联邦。但是，股份公司的兴起既带来了物质丰裕的希望，同时又带来了权力集中的威胁。

本章将阐述美国是如何解决这个两难问题的。颇具讽刺意味的是，解决由经济势力集中化所造成的问题的方法竟然是政治权力的集中化。强大的全国性股份公司将被强大的国家政府所控制。

股份公司经济中的势力

在20世纪初的一个短暂时期里，美国兴起了一种新型而又陌生的股份公司经济。由华尔街银行家们主导的几十次合并引致了美国经济的新型股份公司化，使许多产业由原来仅由少数几家大型股份公司所控制，即美国由一个竞争性区域经济的国家转变，成了一个由寡头垄断占主导地位经济的国家。对于这些壮观的新型有机体，美国缺少相应的经验。19世纪最重要的股份公司是铁路公司，然而今日，股份公司还控制了制造业和服务业。对于那些巨大的新型钢铁公司、电话公司和零售连锁店，民众们应该做些什么呢？谁将控制这些股份公司？他们要实现何种目标？这一系列问题激活了20世纪前半叶的社会进步运动。

对于权力集中的抵制，美国具有悠久的历史。虽然联邦政府系统给了各州极大的权力去掌控它们当地的经济，然而股份公司是由各州政府而不是中央政府来颁发执照的，尽管银行在美国国内战争之后可以持有州或国家的执照，但它们却依然根据州一级的规则从事经营活动。美国的政治和经济势力已被分散于各州，如果有像铁路和石油工业的情形，尤其每当经济势力有集中的危险时，州层面的政治力量就会对它加以遏制。不过现在股份公司控制了许多行业，并威胁着要控制整个国家的政治。

在发生"股份公司革命"的时候，美国联邦政府无法抗衡这些新型的股份公司。1910年，联邦政府的收入不到9亿美元，而且大部分都来自关税和烟酒税，但却没有联邦所得税；也没有联邦储备银行，更没有美国劳工部。而与此相对照的是，美国钢铁公司的资产却超过了13亿美元。如今，股份公司规模巨大、遍及全国，有可能形成强大的能够操控政府的新型统治机构。

驯服银行

在美国历史的大部分时间里，美国银行的规模要比其他国家的银行小得多，而且美国的银行受到更多的限制。在大多数工业经济体中，银行的经营规模达到全国甚至国际水平，银行可以吸收存款、发放贷款、承销证券，甚或还可以发行保险单、销售共同基金。这些国家的传统的"全能银行"是一个一站式的店面，可以办理与金融有关的任何事情，而且由于银行办理的很多业务都具有规模经济效益，就像制造业一样，因此，一些国家只有少数几家支配性的国家级银行。但是，这种合并直到20世纪末都没有在美国发生。

对金融势力的恐惧，尤其是对银行暗箱操作的恐惧，在美国历史上由来已久。在《愤怒的葡萄》中有一个著名的场景，约翰·斯坦伯克写道："银行不同于人类。银行里的每一个人都痛恨银行的所作所为，但是银行依然我行我素。我告诉你，银行超越了人类，它是魔鬼，人类创造了它，但却不能控制它。"然后他描述了一个被驱逐的拿枪的佃农，碰到一个驾驶着拖拉机并且要摧毁他房子的人，于是这两个人就开始了理论：

"不是我要拆你的房子，我别无选择。如果我不拆你的房子，我会失去工作。而且请注意——假如你杀了我，事情又会如何呢？他们会绞死你，但是早在他们绞死你之前，将会出现另外一个家伙，他将开着拖拉机把你的房子夷为平地。你并没有杀掉那个应该杀的家伙。"

"确实如此！"佃农说，"是谁下的命令？我要找到他，他是那个该杀的人。"

"你错了！他从银行那里得到指令，银行告诉他，'要么将那些人赶出去，要么丢掉你的饭碗'。"

"那好，银行有总裁、有董事会，我将填满来复枪的弹匣，然后去银行。"

拖拉机的司机说道："董事告诉我，银行的指令来自东部。东部的指令是，'要么让土地获利，要么让你们的银行关闭门'。"

"可是，这个指令链条在哪里终止呢？我能射杀谁呢？我要在饿死之前杀了那个想要饿死我的人。"

"我不知道，也许没什么人可以射杀，也许事情根本就不关人类什么事。"①

正当美国的开国元勋们为这个新的国家将拥有何种银行这一问题而各持己见的时候，安德鲁·杰克逊于 1832 年否决了要为美国第二国民银行颁发新执照的法案，从而为 19 世纪以后时间里的银行的构建定下了基调。第二国民银行实际上垄断了联邦政府的业务，其治理结构导致少数几个投资者支配了这家银行。他说："存在如下危险：（银行）总裁和董事会年复一年地选举他们自己，并且在执照有效期内毫无责任且不受控制地管理银行。不难想象，权力集中于对人民不负责任的少数人手中会给我们的国家及其无数机构带来巨大的危害。"② 如果他们的地位受到威胁，他们便会使用手中的权力去左右选举或"控制国家事务"。

---

① 请参阅：约翰·斯坦伯克的《愤怒的葡萄》，第 38~39 页（纽约：企鹅出版社，1939 年）。
② "杰克逊总统关于美国银行的否决通知书，1932 年 7 月 10 日"，来自耶鲁大学法学院的阿瓦隆项目，其网址是：http://avalon.law.yale.edu/19th_century/ajveto01.asp。

杰克逊的结论是，政府不应该让富人控制大银行从而帮助富人。

令人遗憾的是，有钱有势者时常为自身利益而扭曲政府的行为。在每一个公正的政府之下永远存在着社会差异。人类的制度不可能带来人的天资、教育和财富的平等……但是，如果法律试图加大自然和人为的社会差异，授予富人头衔、赏金和专有特权，导致富者愈富、强者愈强，则那些没有时间和手段为自身谋得类似利益的下层社会成员——农民、技工以及体力劳动者——就有权抱怨其政府的不公平。

在随后的150年时间里，美国的银行在经营范围和地域上被分割成许多条块。美国有各类不同的银行，包括向企业放款的银行（商业银行），向购房者放款的银行（储蓄与贷款协会），发放小额个人贷款的银行（信贷协会），承销股票和债券的银行（投资银行）。所有种类的银行面对不同的客户和不同的监管机构，有的是本州范围内的银行，有的是全国范围内的银行。更特别的是，直到20世纪90年代初，商业银行通常均被限制在单一州内开设分支机构，每个州都有其自身的监管规则。例如，一家印第安纳州的银行不能在伊利诺伊州开设营业机构。而与其相对照的是，在1980年的时候，美国拥有遍布全国的12 000家以上的商业银行机构，而加拿大的银行业则仅仅由区区5家主要的国家级银行所控制。[1] 美国的银行依然保持相对的小型化和地方化，而世界其他国家的银行已经变得大型化和全球化。

20世纪初兴起的股份公司经济带来了如下可能性：经济控制集中化，银行家们再次施展过度的影响力。1913年，路易斯·布兰代斯——将来的最高法院法官——在《哈珀杂志》（*Harper's Magazine*）上发表了一系列文章，提出了反对银行的观点。这些文章于1914年汇编成《他人的钱：银行家们如何使用它》一书。纽约的银行家们通过主导地区性公司的合并创造出了新型的股份公司，如今，他们通过向这些公司的董事会安插代表而插手这些公司的经营事务。布兰代斯在他的著作中提到了如下人的名字：J.P.摩根及其同名公司、花旗银行的詹姆斯·斯蒂尔曼、第一国民银行的乔治·F.贝克（布兰代斯列出来的某些魁首留名于哈佛商学院的建筑物上，因此，对于那些游览

---

[1] 请参阅：杰拉尔德·F.戴维斯与马克·S.米兹腊希，"货币中心的非兼容性：美国公司治理体系中的商业银行"，载于《管理科学季刊》（1999年）第44卷，第215～39页。另，关于美国银行业条块化的历史，请参阅马克·J.罗的《管理者强，所有者弱：美国财务的政治根源》。

过哈佛商学院校园的人来说，这些名字听起来会很熟悉）。贝克本人在 22 家股份公司的董事会里任职，斯蒂尔曼及其同事在 48 家股份公司的董事会里任职，而 J.P. 摩根的合伙人则"在 47 家美国顶级股份公司里拥有 72 个董事席位"。J.P. 摩根筹划了通用电气公司、国际收割机公司、美国钢铁公司以及更多的新兴巨头，而且他和他的合伙人一道继续在这些股份公司的董事会里担任职务，他们通过控制新资本的供应而对这些公司实施控制。布兰代斯进一步提醒人们注意各种形式合谋的可能性，因为公司之间通过互派董事形成"无尽的链条"，而这些链条可能形成合谋现象。某些工业领域已被寡头所垄断，比如通用电气公司和西屋电气公司，以及钢铁领域的美国钢铁公司和伯利恒钢铁公司，等等，并且在很多情况下，来自同一家银行的合伙人均在彼此的主要竞争者的董事会里任职。与安排同一批人到各个竞争者的董事会里任职相比，还有什么更好的途径来逃避《反托拉斯法》的限制呢？①

不过，几乎在布兰代斯的著作出版后的不久，金融机构控制工业公司的威胁就逐渐消失了。生效于 1914 年 10 月的《克莱顿法案》禁止银行家们及其合伙人在同一个产业领域里的同一家公司的董事会里任职。除了少数例外情形，银行家们于第一次世界大战前夕的 1914 年纷纷辞去各自的董事席位。②战争期间，零售经纪商开业了，他们向公众销售战争债券，后来又建成了向老百姓销售公司股票的滩头阵地。因此，美国股东的数量在 1924 年到 1927 年期间实现了翻番，到 1930 年又增加了一倍。③由于新的投资者大量涌入股票市场，因此，典型股份公司的所有权结构在 1930 年已经变得高度分散化了，银行家们直接控制股份公司的威胁逐渐消失。实际上，股权的高度分散导致人们质疑是否有人依然掌控着股份公司。同时，人们指责银行是股市崩溃的罪魁祸首，而股市崩溃又拉开了大萧条的序幕。1933 年的《格拉斯–斯蒂格尔法案》在投资银行业和商业银行业之间创设了一道法律屏障，该法案

---

① 请参阅：路易斯·D. 布兰代斯，《别人的钱以及银行家如何使用它》（纽约：弗雷德里克·A. 斯托克斯公司，1914 年）。

② 请参阅：詹姆斯·布拉德·福德德龙，"J.P. 摩根的人是否带来增加值？从一个经济学家的视角看金融资本主义"，载于彼得·特明主编的《商业企业探秘：信息利用的历史视角》（芝加哥：芝加哥大学出版社，1991 年）第 205～236 页。

③ 关于 1930 年之前美国股份制扩张史的绝佳记录，请参阅茱莉娅·C. 奥特的《当华尔街遇上老百姓：对投资者民主的追寻》（麻省，坎布里奇：哈佛大学出版社，2011 年）。

存续了六十多年之久，也致使银行被有效地驯服。

驯服股份公司

股份公司又是另外一个故事。1911年，标准石油公司被拆分，拆分后的公司分别为埃克森公司、美孚公司、雪佛龙公司、美国石油公司、马拉松公司以及其他几家石油公司。在此之后，工业公司在一定范围之内被允许自由地成长。由于美国经济的巨大规模和迅速增长，之前鲜有行业被真正的垄断性企业所控制。之后，公司获得发展，使许多行业存在"三大"或"四大"公司。新技术为新产业的发展提供了可能性：汽车和卡车业、家用电器业、电影业、无线广播业、折扣零售业以及制药业等。在20世纪20年代，另一波合并浪潮又进一步整合了那些新产业，这通常是采用纵向一体化的合并方式，其结果是一帮支配性的公司统治了接下来的半个世纪。①

阿道尔夫·伯利与加德纳·米恩斯在其1932年的著作《现代股份公司与私有财产》中记述了美国股份公司在布兰代斯发文之后的20年时间里的成长经历。他们发现，经济势力已经变得日益地集中于几十家股份公司，似乎有"向心力"在起作用。1929年，200家最大的非金融股份公司控制了美国全部股份公司财富的49.2%，并且，如果这一趋势得以延续，它们将在1959年控制全部的股份公司财富。

面对这种惊人的新势力，我们应该做点什么呢？1910年，在堪萨斯州的奥萨沃托米，西奥多·罗斯福向内战老兵发表演讲，发表了他对这一问题的看法。在某种意义上，大型股份公司的成长反映了本书在第1章里描述的规模经济。如果公司越大成本就越低，那么股份公司的成长可能几乎是不可阻挡的。在19世纪初，制造企业的规模受制于其直接所有者的财富，然而，在股市里挂牌的股份公司却不存在这种限制，它们能毫无约束地成长。单独采用《反托拉斯法》是注定要失败的，因为规模经济意味着拆分大企业将降低效率。正如罗斯福所说的，"产业中的合并是不可避免的经济法则带来的结果，这种经济法则是不能被政治立法所废除的。禁止所有合并的努力

---

① 关于美国企业合并运动的历史及其对公司形式的影响，请参阅尼尔·弗里格斯坦的《公司控制的转型》（麻省，坎布里奇：哈佛大学出版社，1990年）。

已经基本失败。出路不在于试图阻止这样的合并，而在于为公众利益去完全地控制它"。①

我们应该奋力找到利用公司为公众服务的手段，这就需要一个比美国曾经拥有的政府大得多的中央政府。

做大美国政府

罗斯福的"新国家主义"演说为未来几十年的进步主义奠定了一个基础。他对问题的诊断是清晰的：财富因新型股份公司的成长而变得日益集中，富人正在利用某些资源而使政治变得腐败。这里的问题不在于财富本身，而在于如何获得并使用财富。"在社会生活中，我们绝不因为财富而妒忌任何人，只要他体面地获得并合理地使用财富；即使财富是在不损害群体利益的情况下获得的，这也是不够的，唯有在有利于群体的条件下获得财富，我们才应该允许人们致富。"

最大的威胁仅仅来自特殊利益集团的"险恶影响"，具体地说，就是来自新型股份公司的"险恶影响"。"美国公民必须有效地控制那些由他们自己做的强商业势力……必须通过法律手段来防止将股份公司的资金直接或间接地用于政治目的……（以免）我们的政治产生腐败。"

在罗斯福讲这番话的时候，联邦政府的规模非常小。食品药品管理局才成立四年之久，没有劳工部和联邦储备系统，没有所得税。我们今天认为理所当然的政府特征在当时并不存在，因而必须建立大政府——主要是为了"驯服"新型的股份公司。

为了将股份公司释放出来的经济力量导向公共利益，罗斯福提出了一个议程，该议程在后来的岁月里大部分都得以实现。"对于不公平的赚钱方式，我们各州缺少有效的约束，尤其是缺少国家的约束，这使得少数财力特别强大的人，其首要目标是抓住并增加其势力。"应对这一问题的挑战"意味着美国需要这样一种政策，即政府对经济和社会事务的干预要远比以往更加积极。因此，接下来，我认为我们必须直面这样一个事实，即政府对经济和政治事

---

① 罗斯福新国家主义演讲的文本在网上随处可获，包括在白宫的网站上：https://www.whitehouse.gov/blog/2011/12/06/archives-president-teddy-roosevelts-new-nationalism-speech。

务的控制会增多。"简而言之,我们需要一个规模大得多、干预多得多、直接监管股份公司经济的联邦政府。

这项新的授权所需的资金从哪里来呢?主要通过急剧累进的所得税和严厉的财产税来阻止寡头的财富积累——"适当地防范逃税行为,税额随着财产的增加而迅速地递增"。归根结底,"为了健康的自由而进行的任何斗争,其实质在过去一直是并且必须始终是剥夺某个人或阶级享受不劳而获的权力、财富、地位和豁免的权利。"

在随后的数年中,随着新的政府部门和机构的激增,政府机构中就业人数迅速增加。股份公司经济的增长在很大程度上推动了政府机构中就业人数的增加。

股份公司释放了一股强大的力量,它具有创造大规模经济效益和促进经济繁荣的潜力,但是也需要一股强大的制衡力量以阻止它支配美国的政治和社会。于是,股份公司和大政府之间的斗争就这样产生了,并且这一斗争持续了几十年的时间。

第4章 股份公司统治下的战后年代

在20世纪的大部分时间里，股份公司的规模持续地变大，同时也越来越集中。为第二次世界大战而发动的战争动员带来了制造业就业的巨大增长，使标准化的人事管理惯例在各行各业中得以执行，这些惯例鼓励各公司采用吸引和留住工人的政策，这些政策包括为工人购买医疗保险和发放退休金。战后，汽车和钢铁行业中的大型工会化企业建立了一套社会福利制度，主要针对工人及其家庭成员的健康保险、工人失业后的救济以及退休金。这套制度最终成为其他行业中的企业的模板。同时，欧洲和加拿大政府向其民众提供的社会福利也成为美国股份公司对其雇员提供福利的参照。

战后的经济繁荣对应的是长达30年的股份公司占主导地位的时期。股份公司的资产和就业规模变得更庞大、更集中，并且在1970年前后达到巅峰状态。当时，24家股份公司雇用了全美近10%的劳动力，而这一时期社会成员的收入不平等状况却为美国历史上最低水平。成长型公司中的一个入门级职位能够为其员工提供通向中产阶级的路径，同时这也是公司实现持续赢利的捷径。然而，奇怪的是，等级森严的股份公司似乎降低了其雇员之间的收入差距并为其员工收入提供了某种形式的经济保障。

由于股份公司涉及更多的人的经济生活，因此联邦政府越来越多地将它作为政策实施的工具。理查德·尼克松发动了一场对股份公司经济实施政府监管的运动，参与机构有EPA（环境保护局）、OSHA（美国职业安全与健康管理局）、EEOC（同等就业机会委员会）等，并对工资/价格进行管制。结果在随后的数年时间里，经济陷入萎靡状态，高通货膨胀率和低增长率并存，股市也开始惩罚那些在前几十年壮大起来的巨型联合企业。

正如本书在下一章中将要描述的那样，所有这些都为股东们的报复打下了基础。

股份公司的青春期

到1930年，美国的股份公司经济已经羽翼丰满。正如伯利和米恩斯所发现的那样，区区200家公司控制着全国一半的非金融性股份公司的资产。绝大多数的制造业工人都被股份公司所雇用。"股份公司世纪"的那些为大众所熟知的品牌公司如今已声名卓著：美国电话电报公司、杜邦公司、柯达公司、通用电气公司、通用汽车公司、西尔斯公司、西屋电气公司以及伍尔沃思公司。1930年列在道琼斯指数中的大部分公司在60年后依然还在其中，公司的发展非常稳健。

在大萧条时期的改革之前，劳动市场的稳定性难以捉摸。在大型制造企业中，雇员和雇主之间的冲突司空见惯，而工会将工人组织起来与雇主进行对抗和谈判的权利，社会各界是有争议的，而且争议经常是相当激烈。1935年颁布的《全国劳动关系法》(《瓦格纳法案》)确保工人有权成立工会并与雇主进行集体谈判，因此，第二次世界大战时，主要制造业的工人都已经被组织起来了，尽管往往是在经历了激烈的斗争之后。同年通过的《社会保障法》为工人及其家庭成员创建了一个社会保障网，包括发放适度的失业救济金和老年退休金。

第二次世界大战的爆发极大地提高了股份公司的就业率，但也使得股份公司变得更加官僚化。1944年，美国制造业的就业率达到了历史最高水平。富兰克林·罗斯福在战争期间所鼓动的全国集体努力，致使"民主的兵工厂"变成了工作职位的机器，并引发了一场人员向北迁移的潮流。福特的胭脂河工厂光在迪尔伯恩的一个巨型建筑群里就雇用了超过100 000名的员工；通用汽车公司的雇员人数从1939年的220 000人上升到了1944年（战时生产的顶峰）的464 000人，翻了一倍还不止。①

然而这时，联邦政府却采取了前所未有的管制措施，包括冻结工人工资，限制鼓励共享的行业雇佣惯例，后者的目的是限制公司雇员流动。为了记录新监管规则下的劳动力市场上的劳动力需要量，许多公司设立了专门的人事部

---

① 有关通用汽车公司的就业数据，请参阅本书第1章中的图1.1。

门，建立了新的工作评价体系；为了维护与雇员的长期关系，许多公司设计并采用了诸如正式的职业发展阶梯的就业惯例。在战后的很长一段时间里，类似的新型官僚控制体系得以保留。公司越发官僚化，受到联邦政府的管制便越严格，彼此也越来越相似。[1]

《底特律条约》与公司慈善年代

战争的结束给社会带来了巨大的不确定性。盟军对法西斯主义的胜利是一场民主的胜利，但是当参战军人脱下他们的军装回归民用经济时，当政府终止事实上的项目刺激时，国家的经济会产生什么后果呢？美国完全有可能退回到以高失业率为特征的经济衰退之中，并且这次美国还要承担起前所未有的国债。

然而，实际情况完全不是这样。新颁布的《军人安置法案》向退伍军人提供了广泛的政府服务，包括低成本的抵押贷款（有助于引发建设热潮）和教育补贴（将200万老兵送进大学）。此外，战争已让消费者的需求抑制了许多年，现在他们终于有机会购买新的房子、新的汽车以及新的家庭用具。

对劳动力的新需求随着经济繁荣一起到来。战争期间冻结的工资，现在该是补涨的时候了。一份特别的劳资协议成了股份公司重塑之路的里程碑。在1945年末和1946年初，美国汽车工人联合会组织了一次全国性的罢工，此次罢工主要针对通用汽车公司，持续了数月之久。这场汽车工人联合会罢工是作为美国历史上最大罢工潮的一部分而发生的，钢铁、石油和电气产业都受到了这场罢工潮的影响。这场罢工及其产生的劳资协议塑造了战后劳资关系的环境。1949年，在与通用汽车公司进行的谈判中，美国汽车工人联合会展现了提高工资之外的更大的抱负：劳动力的雇主将必须接受健康和福利服务（包括退休金）条款。谈判达成的协议被称为《底特律条约》，它向被协议所涵盖的工人们提供可在退休后领取的相当优厚的养老金，还向他们及其家属提供医疗保健。该条约迅速地被其他汽车制造商所接受并执行，从而广

---

[1] 请参阅：詹姆斯·N.巴龙、弗兰克·R.多宾和P.德弗罗·詹宁斯，"战争与和平：美国现代工业人事管理制度的演变"，《美国社会学杂志》（1986年）第92卷，第350~383页。

泛地引入整个汽车行业。①

《底特律条约》实际上创建了一个对雇佣关系的新共识：雇主被要求向其高管和全体雇员提供健康保障和退休津贴。这是独一无二的。在其他工业化国家，政府承担社会公众健康保险和退休保障。英国和加拿大分别创立了国有医疗保健系统，把医疗保障作为其基本的公民福利来提供。但是在美国，那是公司的事情。从此以后，股份公司的雇主便成了美国社会福利服务的主要提供者。

回顾历史，该条约的问题是显而易见的。许多雇主最终不得不放弃"固定福利"的养老金计划。通用汽车公司于2005年前后取消了白领退休雇员的健康保险，同时将工会工人的健康保险移交给一个托管基金。不过，该条约在当时却具有无法抗拒的吸引力。向工人提供将来支付的更高的退休金要比提高现在的工资容易得多。现在，谈判桌上做出的承诺将被别人密切关注，直至将来。

繁荣、平等、流动性以及安全性

美国股份公司占主导地位的战后年代对应的是当时经济的快速增长、人员较高的社会流动性以及公司雇员之间收入相对平等的时期。在这段时间里，国内生产总值（GDP）、生产率以及家庭收入以惊人的速度增长。如今，人们普遍认为该时期是美国经济的黄金时期，然而事实上，并非仅仅美国才是如此。从1945年到1975年这段时间被称为法国的"辉煌的三十年"，西欧和东亚也见证了类似经济的繁荣时期。不过，美国的这个时期却与众不同地与股份公司经济联系在了一起。

股份公司在资产规模和就业人数上变得越来越庞大、越来越集中。据伯利和米恩斯预测，有200家股份公司将在1959年之前控制全美国的经济。虽然结果并不完全准确，但是他们的判断方向是对的。在二战之后的30年时间里，大型股份公司变得更大了（见下图4.1），到1973年，25家最大的股份公

---

① 关于《底特律条约》，请参阅弗兰克·列维和彼得·特明的"20世纪美国的不平等和制度"（麻省理工学院经济系，2007年），以及J.亚当·柯布的"从《底特律条约》到'401k计划'：美国个人退休计划的发展和演变"（未发表的博士论文，密歇根大学，2012年）。

图 4.1 美国一些股份公司的就业人数（1950—1973 年）

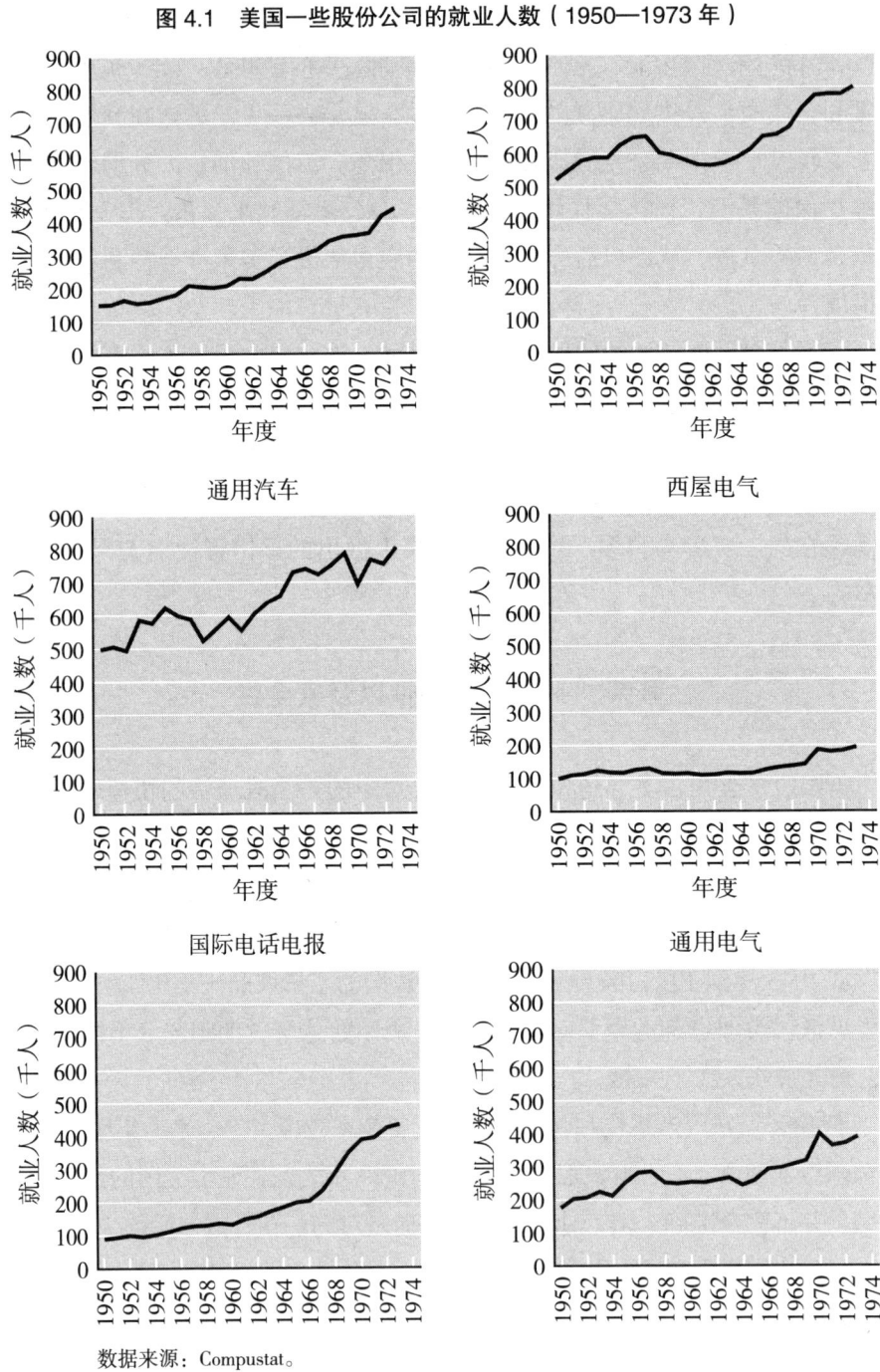

数据来源：Compustat。

司雇用了全国10%的劳动力。① 不过，虽然有足够多的公司确实在迅速地成长，但是并非所有的公司都如此迅速地成长，这些公司有为人所道不尽的成长故事。有些公司的成长属于"有机"成长，即随着人口的增加和向郊区扩散，对电话服务、汽车以及零售的需求增加了。但是，有许多公司是通过无情收购而成长的。尽管反托拉斯政策限制了一些公司通过收购竞争者和供应商而成长的能力，然而像国际电话电报公司那样，许多公司都是通过进入它们从中看到机会的产业，然后进行分散化经营，从而实现公司的成长的。

与此同时，收入差距拉大的情况降至美国有历史记录以来的最低水平，而社会阶层的向上流动性增大了。据有关家庭收入的统计数据显示，20世纪60年代末的收入不平等程度是美国有历史记载以来的最低水平。当然，美国并没有变成丹麦，在这方面，甚至也没有变成加拿大。但是，1968年前后的收入分配要比以往或随后任何时期都要更公平（这一主题将在第10章中进行更加详细的讨论）。

这一时期还是一个充满就业机会的时期。成长中的公司具有清晰的员工职业发展阶梯，为员工提供社会流动的捷径。在一家信守承诺实行内部提拔的大型股份公司中，一个初级职位就是一张员工通往中产阶级的通行证。根据雇员资历发放的报酬，包括源自《底特律条约》的养老金和退休员工的健康保险，使股份公司成为员工工作、生活、健康和养老的安全地带。

不过，人们也不可思议地看到了大型股份公司居然还带来了更大程度的收入等其他方面的不平等。一家巨型股份公司具有金字塔型的组织结构图和高管专用的盥洗室，那么，还有什么能比这样的公司更加不平等呢？

员工"职业发展阶梯"的要点是：股份公司充满着各种级别的职位可供奋斗，也充满着无休止的地位竞争。不过，具有详细的职位描述、职业发展阶梯以及年资系统的股份公司，还设法通过集中的人事制度来减少甚至消除各种不平等的状况。内部提拔制度意味着薪资的决定不太依赖于外部市场，而是取决于对工作价值的标准化评估。

让我们来考察一下国际电话电报公司，它是大型联合企业的典型代表。该公司的成长得益于一系列贪婪的收购，这些收购涉及每一个你能说得出来

---

① 请参阅：杰拉尔德·F. 戴维斯和J. 亚当·柯布，"世界各地股份公司与不平等：等级制度的悖论"，《组织行为研究》（2010年），第30卷，第35～53页。

的行业：酒店、赌场、汽车零部件制造业、铜矿业、职业学校、面包店等。每当它收购了一家新公司的时候，它就向这家公司派出自己的人，以便强制推行自己公司的人事制度，并将自己公司的管理方式传播至十几个行业。二战期间得以盛行的人事管理制度变得越来越标准化，针对的雇员人数越来越多。员工职位和薪酬制度避开了市场调节过程，遵循着消除不平等的官僚规则。①

作为社会政策杠杆的股份公司

在历史上，也许没有哪一位总统能比理查德·尼克松更有效地实现西奥多·罗斯福的进步愿景。尼克松当总统的时候正好是股份公司的集中度和势力登峰造极的时期，联邦政府极大地扩大了对股份公司所作所为的控制力。实际上，大公司最痛恨的某些监管机构正好是在尼克松的第一个任期内设立的。诞生于1970年的美国环保署负责监管公司污染物、批准汽油消耗的增加。同年，尼克松签署了一个设立职业安全健康管理局的法案，进一步扩大了联邦政府对私人雇用劳动力行为的干预。1972年，平等就业机会委员会在获得诉讼权之后，迅速使用该权力对美国四大雇主中的歧视性现象进行调查。②

尼克松还寻求更加累进的税制。他在《1969年税收改革法案》的签署声明中写道：

> 九百多万低收入纳税人将从纳税清册中移除。这源于我于去年4月份提议的低收入特别补助，以确保处于或低于贫困水平的人不必支付联邦所得税……对于大批高收入的人支付少量甚至根本不缴纳联邦所得税的情况，立法将通过颁布与我提交给国会的提议相当的最低所得税税法来确保税收负担的更加公平，以堵住大部分此种税流失的漏洞。由于这项法律的实施，这些高收入者将要承担更加公平的税负份额……国会还接受了本届政府关于提高社会保障金的建议，这使得我们的老年公民在物价上升的情况下能够维持他们一定的生活水平。③

---

① 关于国际电话电报公司和决定收入高低的组织力量，文献资料同第39页注释①。
② 请参阅："系统的特别工作组提交给平等就业机会委员会的报告"，2006年3月，附录C，其网址是：http://www.eeoc.gov/eeoc/task_reports/systemic.cfm。
③ 尼克松《关于签署〈1969年税收改革法案〉的声明》一文可以从加州大学圣芭芭拉分校的"美国总统项目"中获得，其网址是：http://www.presidency.ucsb.edu/ws/?pid=2388。

很难想象任何当代总统会如此大张旗鼓地实施如此开明的议程。但是，在那个年代，股份公司已经变得如此地大而全，以至于任何社会改革的努力都必须以股份公司为工具。它们是环境的主要污染者，也是环境保护的主要希望所在。它们是最大的雇主，因而也是确保工人安全和机会均等的责任人。如果改变全国二十几家股份公司对员工的雇佣和晋升惯例，让它们变得更加公平，则可以显著地改变全国占总劳动力十分之一的人的生活。如果之前三十年的经验具有某种指导意义的话，则股份公司将变得规模更庞大、势力更强大。那个时期的智慧告诉我们，如果公司合并的趋势延续下去，则《财富》杂志将不得不更改《财富500强排行榜》的标题，因为存活下来的独立公司将不够用来填满该排行榜的栏目。

大型联合企业的诞生和股份公司占支配地位时代的终结

但是，1973年是一个转折点。石油输出国组织（OPEC）于10月份宣布实行石油禁运，结果是油价在短短几个月的时间里翻了两番。与此同时，一场标志着战后繁荣终结的严重衰退降临，在20世纪70年代的大多数年份里，经济增长非常缓慢，通货膨胀却加速了。曾经支撑战后繁荣的经济条件基本消失。

尽管如此，股份公司仍尽其所能地继续寻求成长空间。由国际电话电报公司及其同类开创的大型联合企业的合并广泛地扩散至各个行业的股份公司。最初的新生事物现在已被大家广泛接受。在很多时候，一家公司属于哪个行业的问题难以回答，因为业务多样化的大型联合企业成了美国公司的典型。无休止的收购似乎是企业成长的不二路径，但是它并非没有成本。直到1980年，大型联合企业还长期被股市低估：一家跨越五个行业经营的大公司的价值低于五家小公司的价值之和。① 但是，大即美，况且没有简单的方法将那些大公司拆分成几家小公司，这些小公司的虚拟价值最多属于学者们学术兴趣的范畴。

---

① 请参阅：迪恩·勒巴龙和劳伦斯·斯佩德尔，"为何部分要比整体更值钱？作为一种公司估值模型的'拆车厂'"，载于L.E.布朗和E.S.罗森格伦主编的《企业合并的繁荣》（波士顿：波士顿联邦储备银行，1987年）。

第二篇

为何美国的股份公司正在消失

在20世纪的大多数时间里，美国股份公司都在寻求成长空间。二战之前，这通常意味着与竞争者合并；而二战之后，这通常意味着收购无关行业的公司。60年代的混合并购运动导致那些顶级企业实现了高度的分散化经营。通过购入保险公司、面包坊、汽车供应商、连锁酒店、职业学校、铜矿公司以及数以百计的其他企业，国际电话电报公司成了世界上最大的股份公司之一。但是，股份公司对销售增长的追求常常以损害股东的利益为代价，因为股东更喜欢盈利。1980年，罗纳德·里根当选为美国总统之后，股份公司的经营方式和游戏规则就被改变了。这一时期一些股份公司的敌意收购浪潮、激进主义的投资者、广大公众持股数量的增加引领着股东价值统治的时代。这代表着学者和公众对股份公司及其责任的思考方式发生重大转变，也引致了股份公司管理方式的重大变化。战后年代的股份公司试图平衡许多相关者的利益，因此股东在20世纪80年代末就变成了股份公司中占支配地位的部分。

90年代的外包运动转变成了美国股份公司的泛空心化运动。美国股份公司普遍采用一种由耐克公司所推广的模式，它们日益地将其产品和服务的生产及分销剥离出来，将精力集中于具有较高附加值的设计和营销环节。令人惊讶的是，仅有很少的产品是由商标标注的公司生产的，从苹果手机、猫粮到血液稀释剂等，无一例外，其结果是对于美国的就业是灾难性的，即使是电子工业这样的"高增长"行业也是如此。它还带来了有关"企业责任"的难题，因为供应链日益地向全世界扩散，因而即使拥有品牌的公司也难以辨认清楚哪些产品的原产地是在哪里。很少有哪个行业能置身事外，不管它属于制造业还是服务业。

无商标制造商和分销商的增长，云服务的广泛利用，意味着许多产业的进入壁垒被瓦解了。只要拥有信用卡和网络链接,任何人都可以创立企业,从法人组织、生产企业到分销企业。促成现代股份公司诞生的规模经济已经扩散至许多行业。轻量的进入者可以通过租用而不是购买产能而实现规模扩大或缩小,其低成本意味着它是许多领域的公司的首选。这些具有适度时间范围的轻量级公司没有什么理由去承受上市的代价。与此同时,现有上市公司也面临着生死存亡的威胁:要求进行重大的、不确定的重组,这种重组常常要求公司退出股市。上市公司的衰落并不意味着公司本身的崩溃。从法律和财务上看,组织企业的方式有多种,当今时代见证了各种各样可供选择的企业组织形式。由于进入成本不高,因此组织商业活动的新方式几乎每天都在出现。对于有些经济活动来说,其最经济的方式就是组成股份公司,向公众出售股份。不过现在这些经济活动的范围正在迅速地缩小。2000年互联网泡沫破裂之后上市的公司常常轻视公司治理准则(例如,给公司创始人具有超级投票权的股份,从而使其获得永久的控制权)。它们的上市依据——让雇员和早期投资者受益,而不是将筹集的资本投资于长期资产——暗示着这样的公司作为长期上市公司是不可持续的,尽管投资者对收益率的要求可能使它们能维持一段时间。

第 5 章　股东占了上风

20世纪70年代，美国股份公司的规模和经济控制力达到了历史最高水平。国际电话电报公司等的经营范围并不仅仅局限于单一行业：在"协同效应"的旗帜下，大公司购买那些有前途的小公司，而不管它们属于哪个行业。多样化经营的战略扩散至几乎每一家大型股份公司，而坚守一个行业的理念似乎已成为过时。但是，股东们具有厌恶大型股份公司并购行为的充分理由，因为它们的市值往往低于其购买的公司的市值之和。20世纪60年代和70年代的全国性收购狂热导致股份公司部门规模膨胀、管理混乱以及市值被低估。"蓝筹股"就像三十年同学会上的高中足球队：曾经无比强大，然而如今却花谢花飞。

1980年，里根当选为美国总统，在此之后，股东们终于有机会去索取潜藏在大型股份公司里的价值。反托拉斯监管机构终于相信行业集中对于消费者未必总是坏事，于是放松了限制横向合并的规则，而法院则清除了那些阻碍敌意收购的法律。因此，在不到十年的时间里，几乎三分之一的财富500强企业被并购了，最常见的并购方式是采用敌意收购的方式，后者常常导致大型股份公司被拆分为几家小公司并出售给行业竞争者。尽管股东们从并购中获得了巨大的利益，但雇员和公司所在的社区却并没有获利，因为并购目标常常会被"瘦身"。并购战带来了一个紧迫的问题：股份公司为谁而设？股份公司的义务是什么？对于这个问题，直到90年代初，一个明确的答案才显露出来：股份公司为创造股东价值而存在。

关于股东价值的共识有很多支持者的声音。通过股票期权的奖励和其他形式的股权报酬，高管的薪酬几乎完全与股价挂钩。普通大众也大规模地投资股票市场。有一种现象从1982年就开始出现并且后来成为普遍做法：许多公司将其员工的传统养老金计划（如果员工留在公司里，则公司在他们退休时给他们支付一笔有保证的收入）转为灵活的401（k）计划，用计划中的资金投资于股票共同基金。到2000年，大部分美国家庭都将其部分储蓄投入股票市场，共同基金变得规模庞大，金融媒体无孔不入。无论是高管还是白领，他们都有理由跟随市场波动，并且支持对市场友好的政策。与此同时，股东运动人士均已深谙推行股东价值之信条的方法，而股份公司的其他利益相关者则失去了自己的身价和地位。在新旧世纪之交，在最强大的选民的心目中，股份公司是为创造股东价值而存在的。

大型联合企业的问题所在

20世纪70年代在某种程度上是美国股份公司的巅峰期，这一方面是由于公司成长需求的驱使，另一方面是由于那些灌输无限协同效应愿景的顾问公司的催促，财富500强公司通过收购而变成了巨型企业。在单一行业经营的理念已变得陈旧过时了。西屋电气公司——一家拥有近百年历史的大型电气设备制造商——就像它的老对手通用电气公司一样，也灌装汽水、经营房地产、开发学校课程（包括我自己曾经上过的中学），以及生产手表、机车、办公家具、半导体、空调、电梯、核武器控制键，还经营广播电视台，并控制了一家大型金融附属机构。比阿特丽斯公司名义上是一家罐头食品公司，生产诸如La Choy这样品牌的食品，但实际上还拥有卡利根水管公司、清风房车公司、哈曼·卡顿音频设备公司、新秀丽旅行用品公司以及多家其他公司。①

大型联合企业展现了这样一个景象：没有哪一个行业是那些富有才华的资深高级管理人员所不能够管理的。ITT（起初叫"国际电话电报公司"）在世界各地的经营业务涉及保险、汽车零部件、烤制食品、酒店、铜矿开采、职业教育、汽车租赁、通信等行业。对于一个局外人来说，可能以为这是一个随机选择的产业组合，但是富有远见的IIT首席执行官哈罗德·吉宁则坚持认为其中有一个方法在发挥作用："一家'管理型企业集团'其实是一家进

---

① 请参阅：杰拉尔德·F.戴维斯、克里斯蒂娜·A.迪克曼恩和凯瑟琳·H.汀斯利，"大型联合企业在20世纪80年代的衰亡：一种组织形式的去机构化"，载于《美国社会学评论》（1994年）第59期，第547～570页。

行集中管理的公司，它深入到它的每一家公司……它的职责是拥有并经营公司——最理想的情况是采用强有力的集中化管理方式。"① 只要有正确的人来负责，企业就能无限地成长。

"大型联合行业"听起来像是一种独特的组织类型，但是到了20世纪70年代后期，几乎所有主要的美国股份公司都在从事多样化经营，有规律地进入或退出各个行业。我的祖父曾是福特汽车公司的一名焊接工，他从1919年开始便一直为福特公司工作，在工作了将近五十之年后退休。他能够用福特汽车公司的贷款购买福特飞歌公司生产的收音机、电视机以及电冰箱，然后用福特的汽车将它们拉回家里，并用它们装备其在迪尔伯恩的房子。

如果用规模来判断，美国股份公司获得了前所未有的成功，但实际上，美国经济却遭遇了前所未有的问题。在经历了二十五年的经济增长之后，20世纪70年代的经济下滑在某种意义上是一个打击。1973年石油危机之后的十年经历高通胀、低增长以及持续失业的情况，这种情况被称为"滞涨"。股份公司资本主义的引擎似乎莫名其妙地停顿了。

美国股份公司还面临着前所未有的外国同行的竞争，特别是来自经济已复苏的制造业大国日本和德国公司的竞争。曾经在二战之后的岁月里，美国股份公司轻易地打败了遭受重创的欧洲和亚洲经济体。但是，这可能导致它们忽视产品的质量和成本。在一个全球化的世界经济中，产品质量很重要，因为即使是美国消费者，他们也非常喜欢丰田和本田车。

有些学者发现，巨型股份公司的成功发展与美国经济的不振之间存在着某种关联。规模和产业多样化是灵活性的敌人。根据1992年的《经济学家》杂志的一篇文章所说，"美国公司对石油危机、日本公司的竞争以及其他变化之所以反应迟缓，在很大程度上跟20世纪60年代的大型联合企业的乱象有关"。如果你可以通过收购来获得利润的增长，那又何必去操心产品质量呢？此外，即使消费者并不总是对美国股份公司的产品感到满意，但成长中的大公司依然向它的雇员提供保障和就业机会。而在其他国家，只有政府文职部门才能提供这样的福利。

股东是大型联合企业失去的支持者之一。在20世纪70年代的大多数时

---

① 请参阅：哈罗德·吉宁，《协同的神话及当今企业的其他问题》（纽约：圣马丁出版社，1997年）。

间里，通货膨胀率高而股市回报率低。多样化经营的企业是这一切的始作俑者之一：通过收购来谋求利润增长的策略常常缺乏清晰的理论依据，有的只是企业顾问的巫术思维，他们认为好的管理层能够管理任何事情的想法从表面上看似乎是不合情理的。此外，大型联合企业的股票相对于业务专一的同行业公司而言被系统性地低估了，进而导致其整体市值低于分拆之后的公司市值之和。这种情况亦被称作"大型联合企业贴水"。诸如国际电话电报公司、碧翠丝公司、西屋电气公司等具有负面的协同效应。有一家华尔街公司建立了一个股价模型，用来预测一家大型联合企业在分拆后的市值。后来人们称这家公司为"拆车店"（"拆车店"的名称本意是为了向那些收购、拆解并再售赃车的汽车修理站表示敬意）。它的创立者指出了一个简单而有震撼力的关于大型联合企业的事实："一家公司拥有的组成部分越多，其整体市值被低估的可能性就越大。"①

里根革命和敌意收购的兴起

里根的当选引发了经济政策和监管的重大变化。当然，这其中的许多点子都是由一些学者出的，这些学者想把经济思维引入法律分析之中。这种新的思维也为大型联合企业的大规模分拆提供了理论依据。"法律经济学"运动中的学者们倾向于看到他人所看的市场，并且赋予市场以非信仰者难以觉察的力量。

芝加哥大学的亨利·曼尼就是这个领域的先驱者。几十年来，评论家们假设分散的股东对名义上归他们所有的股份公司没有多少影响力——这就解释了他们的经理为何优先选择公司成长性而非盈利性作为自己的业绩目标。但是，曼尼主张股票市场发挥着极其重要的惩戒作用。首先，股价每时每刻都提供公司管理层表现的"成绩单"，因为股市提供公司未来盈利所能获得的最好指标（这种思想随后将被形式化为"高效市场假说"）。其次，如果公司的股价跌得足够多，那么外部人（所谓的"袭击者"）就会在股市里全部买进该公司的股票并解雇公司管理层，为将来的盈利而重整公司业务，从而获得

---

① 请参阅：迪恩·勒巴龙和劳伦斯·斯佩德尔（1987），"为何部分要比整体更值钱？作为一种公司估值模型的'拆车厂'"，同时参阅本书第43页注释①。

一笔利润。他将这一套做法描述为"伟大的快速致富法"。①

我们为曼尼的想法感到悲哀的是，国会开始用《1968年威廉姆斯法案》对这种"公司控制权市场"进行监管，以免它壮大到足以威胁现有企业的地步。此外，盛行的反托拉斯规则意味着试图收购其竞争者的公司将会面临常规性的联邦监管。但是，根据曼尼的观点，竞争者是那些最能识别并修复市值低估企业的公司。市值被低估的大型联合企业在未来的数年里将会是安全的——按理说，这不并利于美国经济。

1982年的两大改变对于默许公司控制权的再配置具有重要意义：减弱了反托拉斯规则对企业的指导作用，废除了限制"敌意"收购的州法律。在许多经济学家看来，反托拉斯规则试图保护消费者免受欺行霸市的垄断者的剥削，但却阻碍了最有效率的企业尽其可能的成长，因而结果适得其反。② 在司法部，1982年的新合并指南意味着大的市场份额不再是起诉的保证。横向合并如今是可能的，但是许多最好的申请人都被锁定在了大型联合企业内部，等待公司控制权市场将它们释放出来。问题在于治理收购的法律由各州制定，而不是由里根领导的联邦政府制定，并且几乎每个州都有严重阻碍敌意收购的法律。不过，最高法院于1982年对埃德加诉MITE案的判决做出裁定：限制收购的大多数州的法律是违宪的，因为这些法律限制了跨州商业活动。之后不久，保护市值被低估的大型联合企业（即许多或者大部分财富500强公司）的法律被废止了。③

主要的股份公司几乎马上面临着前所未有的生存威胁：敌意收购。外部人可以向它们的股东提供溢价，购入足够多的股份，从而控制该公司，然后解雇公司的管理层，出售部分资产和机构。那些所谓的"要约收购"在20世纪70年代是非常少见的，并且几乎从未影响过像财富500强这样的公司。及

---

① 请参阅：亨利·G.曼尼，"企业合并和公司控制的市场"，载于《政治经济学杂志》（1965年）第73期，第110～120页。

② 关于市场势力与市场效率的考虑如何影响反托拉斯的简短历史，请看威廉·柯拉斯基和安德鲁·迪克的"合并准则和效率与水平收购的反托拉斯复审的整合"，网址：http://www.justice.gov/atr/hmerger/11254.htm。

③ 请参阅：杰拉尔德·F.戴维斯和苏姗妮·K.司陶特的"组织理论与公司控制权市场：大型收购目标特性的动态分析（1980—1990）"，载于《管理科学季刊》（1992年）第37卷，第605～633页。

至 1980 年仅有 1 例，1981 年有 2 例。但是到 1982 年有 7 例了，在 1984 年与 1988 年之间，财富 500 强中的 100 家收到了收购要约，从啤酒（帕布斯特公司）、保龄球设备（AMF）行业到石油（海湾石油公司）、药物（理查森·维克斯公司）等行业都有收购目标。从公司高管的角度来看，这是股份公司的末日，相当于一场瘟疫或地震。谁也不知道乡村俱乐部里的铁哥们在下一次高尔夫比赛的时候还是不是他们自己公司的高管。①

大型联合企业面临着极大的风险，因为它们的市值被股市系统性地低估，而且低估得相当严重。正如一家法律评论杂志所说，"公司的多样化经营导致公司股市价值降低的证据是一致的，总体上是确凿的"。② 但是，多样化经营在美国股份公司界是非常普遍的。从公司蓄意收购者的角度来看，1982 年的情形就好像一个人走进了一家自助糖果店。

在这个 10 年中，有将近三分之一的顶级工业股份公司通过敌意收购或友好合并而消失了，从而导致了一场产业边界的重大调整。那些存活下来的公司吸取集中经营的教训，艰难地放弃了任何不适合自己经营的业务和机构。③ 到了这个 10 年的末尾，"集中经营"已经成为信条。不像之前的所有合并浪潮，20 世纪 80 年代的收购使得股份公司的平均规模变得更小而不是更大，因为它们的无关部分被剥离或售出了。而如今，重要的不是收入或就业规模（两者都不能阻挡蓄意收购者），而是市场价值的大小，即公司全部股份总价值的大小。

股份公司为谁服务？

如此规模的敌意收购带来了如下无可回避的问题：股份公司为谁服务？股份公司是否应该感恩其雇员、客户或所在的社区？股份公司是为了其股东

---

① 请参阅：杰拉尔德·F. 戴维斯和苏姗妮·K. 司陶特的"组织理论与公司控制权市场：大型收购目标特性的动态分析（1980 - 1990）"，《管理科学季刊》（1992 年）第 37 卷，第 605 ~ 633 页。

② 请参阅：伯纳德·布莱克，"机构投资者监控的价值：经验证据"，引自《UCLA 法律评论》（1992 年），第 39 卷，第 895 ~ 939 页。

③ 请参阅：戴维斯、迪克曼和汀斯利，"大型联合企业在 20 世纪 80 年代的衰落"，第 547 ~ 570 页。

的利益而存在？在紧要关头，正如在收购战中经常发生的那样，法律通常站在股东这一边。

在战后股份公司统治的年代，关于股份公司的目标存在相对客套的共识。实际上，股份公司目标的问题几乎没有被提出来过。股份公司为服务客户、提供就业岗位、上缴税收而存在；"股东价值"这个术语很少走出过商学院。彼得·德鲁克于1949年宣称，"越来越多的美国大企业采用欧文·D.杨于二十年前提出来的经营模式（那会儿他是通用电气公司的总裁）：股东只得到相当于风险溢价的最大回报率，剩余利润留在企业里，用来向雇员支付较高的工资，或者通过较低的价格让顾客受益"。① 看得到股东的身影，但听不见股东的声音，是股份公司的真实写照。

经济学家卡尔·凯森说，现代股份公司中的高管将股东视为仅仅是许多支持者中的一个群体。"管理层认为自己要对股东、雇员、客户和公众负责，也许最重要的是要对作为机构的自身负责，所有权人不再寻求投资回报的最大化。"② "高尚的公司"是可靠的"市民"，其动机是想让所在的社区成为更好的地方。这个共识一直流行到20世纪70年代末，并在一些公司的使命声明中得以体现。但是，到了90年代，实质性的利益相关群体在大浪淘沙后仅仅剩下一个——股东。

战后的共识并没有彻底消失，尽管财富500强公司经历了长达十年的肢解过程。有人试图通过法律来恢复旧的"股东"模式。例如，宾夕法尼亚州于1990年通过了《其他支持者法案》，目的是给高尚的股份公司提供一个避风港。宾夕法尼亚州见证了许多收购战，在这些收购战中，外地公司收购本地公司，随后又进行大规模的雇员临时解雇。尽管这项法令遭到机构投资者和法律经济学学者的反对，但是它允许面临强制收购要约的宾夕法尼亚州股份公司的董事会，在考虑雇员情况和经营社区的问题之后再来决定是否准许公司出售。不过，由于这项法令对公司股价的潜在影响，使得大部分宾夕法尼亚州的大型股份公司都选择避开它。到1990年，甚至那些运作潜在收购目

---

① 请参阅：德鲁克，"新的社会（一）"，同时参见本书第53页注释②。
② 请参阅：卡尔·凯森，"现代股份公司的社会意义"，载于《美国经济评论（论文与会议记录）》（1957年），第47卷，第2期，第311~319页。

标的公司也明显同意股东优先的观点。①

股东们已变得越来越有组织、越来越有权势，他们的声音尤其对公司高管的薪酬影响力最大。有些经济学家渲染协调高管和股东利益的好处。② 部分受那些经济学家的影响，一些公司的董事会开始将公司薪酬制度的重点，从保障高管工资转向股票期权和其他与公司股价相联系的薪酬形式。在短短数年的时间里，大部分知名公司的高管的薪酬都采取基于股价的报酬形式。他们的日常财务福利相当直接地与股价联系了起来。这给了曼尼的每日报告以一定的说服力。一旦抓住了公司高管们的钱袋，他们就会全心全意地工作。

股票市场的"民主化"

敌意收购是社会变迁的生动形式，但是，在退休金系统发生了一场较不起眼的革命。二战结束以来，养老金是标准雇佣合同的一个组成部分，它在股份公司和它的工人之间建立起了持久的联系。雇员具有为一个雇主长期工作的强大的财务激励，因为这样做可以获得有保障的退休收入和诸如健康保险这样的其他福利。根据员工福利研究所的报告，在1979年，全美国股份公司38%的员工都参加了"固定福利"的退休计划。而到2011年，这一比例下降到了14%，大部分雇员的养老金都属于"固定缴付（DC）"计划，它们由雇员所有并投资于股市。③ 其中最流行的是401（k）计划，其名称来自税法中的一个小节，该税法于1981年进行了修订，以便允许这样的计划被广泛地执行。

401（k）计划原先是打算用来补充传统的公司养老金计划的，但是没想到前者在几年之内就替代了后者。一般而言，雇主们都偏爱固定缴付计划，因为这种退休金形式使得他们不再必须对自己的雇员承担退休的财务义务。许多雇员也偏爱这一计划，因为该计划是可以转移的，从而不会因为他们更

---

① 请参阅：杰拉尔德·F.戴维斯和特拉西·A.汤普森，"公司控制权的社会运动视角"，载于《管理科学季刊》（1994年），第39卷，第141~173页。

② 请参阅：迈克尔·C.詹森和凯文·J.墨菲，"首席执行官激励——不在于你付了多少，而在于你怎么付"，载于《哈佛商业评论》（1990年），第68卷，第3期，第138~153页。

③ 请参阅：雇员福利研究所，"关于福利的常见问题"，网址：http://www.ebri.org/publications/benfaq/index.cfm?fa=retfaq14。

换工作而使其退休金储蓄账户受到威胁。

转变为401（k）计划的后果是美国人越来越多地投资于股票市场，或者是以直接的方式投资，或者是以无形的方式投资。在1982年，50 000户家庭中只有1户在股市里进行一定的投资，多数时候购买股票或者共同基金主要是富人的事情，然而在20世纪70年代，由于股市收益率反复无常，加上通货膨胀和高昂的股票交易费用，使得股市投资对于一般公众没有吸引力，因此在公司养老金制度下，一般雇员很少关注股市幕后所发生的事情，对他们来说，公司养老金无非是退休后将得到的一笔津贴而不是一笔"投资"。

不过，到了2000年，美国股份公司雇员的家庭的一半都将退休金投资于股票市场，他们大部分是通过共同基金和退休金账户进行投资的（见下图5.1）。繁荣的股市吸引了大众投资者进入，评论者们为新的"股市民主化"而欢欣鼓舞。① （当然，"民主化"并不意味着大众股东如今将通过某种民主过程控制美国公司，那是社会主义。）

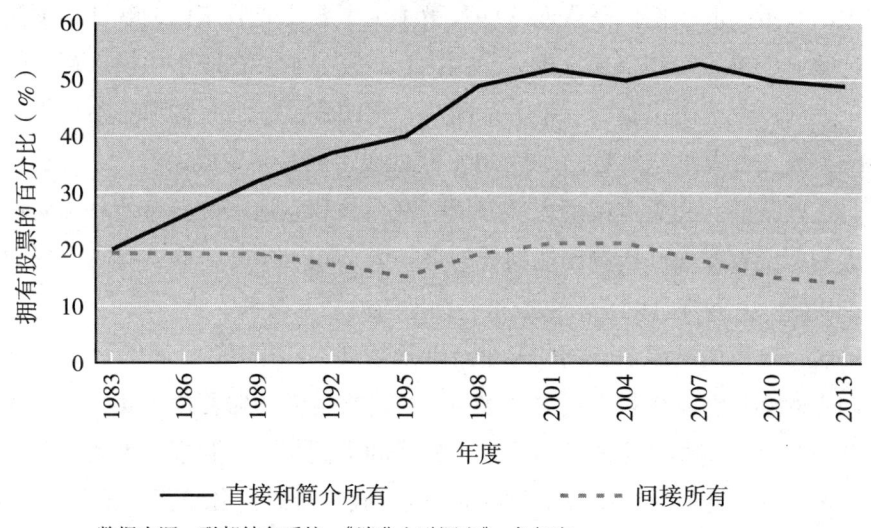

图5.1 拥有股份的美国家庭的百分比（1983—2013年）

数据来源：联邦储备系统，《消费金融调查》，各年度。

与此同时，从比尔兹敦女士俱乐部（由一群资深妇女组成的投资俱乐部）到CNBC（美国全国广播公司财经频道），金融已成为人们日常的话题和媒体

---

① 请参阅：戴维斯，"一种新的金融资本主义？共同基金与美国所有权的再集中"，同时参阅本书第5页注释②、第11～21页。

普遍关注的热点。市场的起起落落不再仅仅是《华尔街日报》读者的关注点，它已经成为人们日常信息食谱的必要组成部分。如今，普通的中产阶级与其说被看成是"劳动者"群体，还不如说被看成是"投资者"群体。某些人每天核对其账户，查看其投资组合的价值，与股市产生了深切的情感联系：如果股市上涨，他有可能去馆子大吃一顿午餐；如果股市下跌，他有可能在桌子旁啃着花生酱果冻三明治。

金融市场的广泛利害关系创造了对市场友好政策的普通支持者。20世纪90年代，保守的评论者将此视为一个机会，他们推测，既然投资者肯花钱承担风险，那么他们就有可能更加乐于接受自由市场政策的劝说。投资者阶级理论主张，股东所接收的信息来源不同于非股东，股东更容易为市场友好政策所影响。在劳动组织和自然环境面临监管的条件下，每天核对资产组合的人非常难以看到公共政策对于其生活的现金价值。乔治·W.布什政府提供了一个可以用来检验该观点的案例：他们推行诸如消减资本利得税这样的政策，还通过为国民创立401（k）计划而实行社会保障的私有化，后者是一项更为重大的政策。股东们似乎欢迎这些政策（至少要比非股东们的欢迎程度高）。布什政府的推广工作似乎发挥了作用，有研究显示，在股市中投入资金的家庭（大约占全美国家庭的一半）认同共和党的程度远远超过那些不投资于股市的家庭。令人吃惊的是，即使2008年的股市崩盘导致股民资产组合价值缩水，这些新的共和党支持者大部分依然站在共和党这一边。布什总统离任那一天的标准普尔500指数比他到任的那一天下跌了40%，这就有了很好的理由去质疑：共和党真的是可供股东们选择的最好党派吗？①

这一政策的结果是，共同基金行业规模变得出奇地大。401（k）计划通常向它的参与者提供投资机会，参与者可以将他们的储蓄投入几个知名品牌的共同基金，这些基金通常由富达、先锋和美洲基金来管理。因此，向固定缴付养老金的转换导致投入几个共同基金家族的新资金出现了井喷。1982年，整个共同基金行业所管理的资金大约有1 350亿美元，而25年之后，共同

---

① 请参阅：杰拉尔德·F.戴维斯和娜塔莉·科顿，"金融市场扩张的政治后果：购买共同基金使你成为共和党的人？"引自《美国社会学会年会报告》（2007年），纽约；以及娜塔莉·科顿、内斯勒和杰拉尔德·F.戴维斯（2012），"股票所有权、政治信仰和党派认同：从'所有权社会'到金融崩溃"，引自《会计学、经济学与法学》（2012年），第2卷，第2期。

基金所管理的资金已达 120 000 亿美元，几乎是 1982 年的 100 倍之多（见图 5.2）。有少数几只基金所管理的资金高达 10 000 亿美元。①

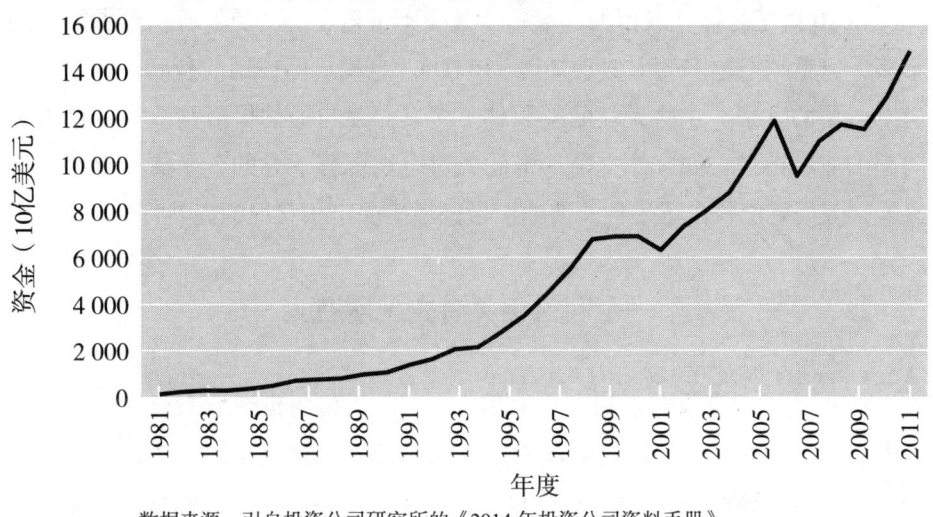

图 5.2　美国共同基金行业管理的资金（1981—2011 年）

数据来源：引自投资公司研究所的《2014 年投资公司资料手册》。

　　股市的繁荣造就了一股影响公司治理的强大力量。自从伯利和米恩斯于 20 世纪 30 年代初出版了那部著作以来，大家都普遍假定美国股份公司的法人所有权是高度分散的。但是由于大量的储蓄涌入富达、先锋以及其他基金，这些基金已在不知不觉当中变为一些美国公司的最大所有者了，它们拥有一些股份公司 10% 或者更多的股份。与此同时，一种新型的投资工具——交易所交易基金（ETF）——也出现了，它通常由公司股票指数构成，但又可以像单只股票那样在市场上买卖。到 2012 年，贝莱德集团，也就是 iShares 交易所交易基金的所有人，已经成为许多美国公司的大股东，以至于在每 5 家美国股份公司中，贝莱德就是其中的一家公司的唯一大股东，这些股份公司包括美国电话电报公司、通用电气公司、苹果公司、J.P. 摩根大通银行、花旗银行和美洲银行，以及埃克森美孚公司、雪佛龙公司、菲利普斯公司和马拉松公司。② 贝莱德集团管理着近 50 000 亿美元的资产，已经成长为远超一个世

---

① 请参阅：投资公司研究所，《2015 年投资公司资料手册：美国投资公司行业趋势和活动的评论》，参见网址：http://www.icifactbook.org/。
② 请参阅：戴维斯的"在股份公司之后"。数据收集自 BureauVan Dijk 的 Orbis 数据集，其网址为：http://www.bvdinfo.com/en-gb/our-products/company-information/international-products/orbis。

纪之前处于鼎盛时期的J.P.摩根公司。既然股价决定金融机构的生死，而金融机构已经成长为美国公司的最大、最集中的所有者，那么，股份公司就不太可能会松动它们已经作出的创造股东价值的承诺。

在20世纪之前，股市的起起落落几乎不可避免。会更换机油或做饭的人不多，但是越来越多的人似乎知道EBITDA（息税折旧摊销前利润）的含义或卖空股票的方法。一些大学的教职员工将其储蓄与退休保障基金大量投资于美国的股票市场。如今，全美一半的人对电视屏幕下方的金融信息有真实的兴趣，人们好像长出了一种能使他们敏锐地感受市场状况的新器官。

一个利益相关者支配所有人

1990年，敌意收购走到了它的尽头，但是人们对创造股东价值的关注却并没有止步。如今，股份公司薪酬体系与股价上涨紧密相连，并且大多数美国人在21世纪初都将自己的资金投资于股市。公司高管们和普罗大众都因经济利益而乐见股市上涨。无论是政治领域还是经济领域，都缺少制衡力量。

来自劳工的声音可能会支持关于公司目标的观点，但是，随着工会的衰落，这种声音也变得几乎听不到了。即使1992年民主党总统上台，依然无济于事：没有哪位总统比威廉·杰斐逊·克林顿更熟悉金融市场的奇特行为了，他熟悉债券市场对他的演讲所作出的反应。而且，没有哪位总统像克林顿那样被偏向华尔街的顾问团所包围，这些顾问包括诸如时任财政部部长同时也是高盛校友的罗伯特·鲁宾和哈佛经济学家拉里·萨默斯。萨默斯曾经有一句著名的妙语："金融市场不仅仅给经济增长之轮加油，其实它本身就是经济增长的轮子。"[1] 当然，股市也以同样的方式回报了克林顿对金融市场的偏爱：他在任期间出现了几乎是前所未有的牛市。数以千计的新公司上市交易，到1997年，美国上市公司的数量增加了50%。在2000年年初之前，家庭投资和市场回报创造了一个正反馈回路。当然，增长不会永无止境，但是直到现在为止，股市有了一群操控者，他们将股份公司的注意力聚焦于股票价格。

激进主义的股东以各种面目出现并发出他们的声音。在收购浪潮期间，

---

[1] 关于克林顿政府对金融市场的强烈偏爱，请参阅戴维斯的《由市场来管理：金融是如何重塑美国的》一书的第1章注释⑰。

少数上市养老基金联合起来成立了机构投资者理事会,倡导公司治理的最佳实践。这时出现了一批诸如机构股东服务公司这样的代理顾问,为各个基金提供年会投票的咨询。研究服务公司提供关于何种政策最有可能创造公司价值的见识。由于绝大多数的股份均由机构所持有,而这些机构又都接受着同一组顾问的咨询,因此典型公司的所有者就扮演着一个希腊戏剧合唱团的成员,其关注点就是股票价格。[1]尽管他们分别在20世纪90年代和21世纪初罕见地受到鼓动而支持公开的激进主义,但是现在这个新集团变得更有发言权了。

如今,即使是规模最大、管理最好的股份公司也有可能被对冲基金的激进分子盯上。根据《经济学家》杂志2015年的报道,自2009年年末以来,15%的标准普尔500指数公司已经遭到激进主义者的干扰,致使其要么改变公司战略,让他们获得公司的董事会席位,要么解雇管理人员——通常是首席执行官。"自2011年以来,激进主义者已经促成解雇了宝洁公司和微软公司的首席执行官,并且争取分拆摩托罗拉公司、易趣网公司和雅虎公司……他们已经赢得了百事可乐公司的董事会席位,并精心策划了一系列涉及整个医药产业的合并,他们还涉足陶氏化学公司和杜邦公司。"[2] 即使是有史以来世界上最具价值的股份公司也难以免遭胁迫:苹果公司(市值大约高达7 000亿美元)被盯上了,因为该公司所拥有的现金相对于基金的偏好显然是过多了。考虑到当今股份公司的所有制形式——股份公司被大型指数基金所拥有,指数基金接受代理顾问的咨询服务,而代理顾问常常对激进主义者怀有同情心——其结果常常是激进主义者为所欲为。确保安全的唯一策略是远离危险点——避免公开上市,不再追求不断上升的股东价值。

下一章我们将描述对股东价值的追求是如何导致股份公司解体的。

---

[1] 请参阅:戴维斯和汤普森,"公司控制权的社会运动视角"。
[2] 请参阅:"一位投资者的呼声",引自《经济学家》杂志,2015年1月7日,网址:http://www.economist.com/news/briefing/21642175-sometimes-ill-mannered-speculative-and-wrong-activists-are-rampant-they-will-change-american。

第6章 耐克化和虚拟股份公司的兴起

收购浪潮使得顶级的美国股份公司所受到的关注要比20世纪80年代初大得多。作为独立的公司，三分之一的《财富》500强公司消失了，而那些幸存者则采纳了关注核心竞争力这一信条。如今，跨越产业边界受到质疑，"大型联合企业"已经变成了一个贬义词。随着互联网的诞生，股份公司的关注点变得更加狭窄。它们发现，外包供应链的全部区块，包括制造和分销，既便捷又廉价。随着生产部件变得像塑料积木那样可以随意地装拆，股份公司变得日益地虚拟化。

股份公司的新模式将类似于耐克公司。耐克公司在其俄勒冈总部设计和销售旅游鞋，但雇用东亚的承包商来生产这些旅游鞋。它的"核心"是开发知识产权而不是生产实体商品。它已经成为历史上最有价值的品牌之一。由于投资者带来的压力和通用供应商提供的便利，一个又一个行业的公司走上了耐克化之路。诸如沙拉·李公司和苹果公司都放弃了生产，转而专注于产品的设计和品牌管理。电脑、宠物食品、药品、鞋子，甚至政府服务，也都越来越多地由承包商而不是由公司自己来生产。

美国股份公司的耐克化将股份公司又重新分解成了各个小型的组成部分。这对于社会就业和公司问责具有重要的后果。进入21世纪以来，由于无所不在的外包，像美国电脑和电子产品这样的产业已经经历了就业滑坡。在纵向区块化的经济中，消费者乃至公司本身都不了解其供应链上游的两个以上环节的具体情况，比如，上游环节的产品是否含有来自刚果民主共和国的"冲突矿物"？可可是否由科特迪瓦共和国的童工所采摘？服装是否在孟加拉国的危险条件下生产？而与此同时，激进主义者却要求更高的企业责任感，这导致"责任悖论"的出现。

虚拟股份公司的起源

1993年，股东价值时代开端，当年的《商业周刊》发表了一篇著名的封面文章，作者是约翰·伯恩，标题是"虚拟股份公司"。文章写道："虚拟股份公司是独立公司——供应商、客户甚至以前的竞争者——的临时性网络，这些独立公司通过信息技术而得以相互联结、分享技能和分担成本，并进入彼此的市场。虚拟股份公司既没有中央办公楼也没有组织结构图。"[①] 支撑大型联合企业的理论认为，天才的高管能够管理任何事情，但是新的公司模式却认为，公司应该做好一件事情（设计、制造、营销等），然后通过与其他公司合作而搞定其他事情。

虚拟股份公司的出现得益于信息技术和企业联盟的成长，企业联盟是企业纵向一体化的替代方案。计算机技术为产品设计的分享和企业团队的合作提供了条件。企业联盟一旦制定出操作方案，那么该方案就会成为企业纵向一体化的替代性低成本合作方案。一些看重专有生产过程的制造商已经开始对价值链中的某些部分放松控制。伯恩注意到，苹果公司甚至愿意依赖索尼公司（一家潜在的竞争者）来制造其低端的便携式电脑——至少在苹果公司建立起自身的便携式电脑产能之前。

互联网的诞生放大了那些催生虚拟股份公司的发展因素。《商业周刊》分享了罗杰·内格尔的看法："他预测到了一个链接全美电脑和机床的全国性信息基础设施网络。这一通信超级公路将允许各个遥远的公司单元通过信息清算所迅速地找到各自所需的供应商、设计师以及制造商。一旦接入这个网络，它们将签署'电子契约'，以加快链接和规避法律方面的麻烦。"当然，内格尔描述的是互联网。在那篇文章发表的时候，几乎还不存在互联网，也不存在市场上可以买到的浏览器。那些想要在线合作的公司使用专有技术来链接其内部电脑系统，这意味着企业同盟和技术同步发展。正如伯恩所指出的，"在网络和标准允许股份公司进行同城或越洋交流之前，信息系统至少必须与现有和潜在的伙伴进行沟通"。当然，那一天并不遥远。由于互联网的存在，如今创立一家虚拟公司真是小菜一碟，正如我们将看到的那样，为了创立一

---

① 请参阅：约翰·伯恩，"虚拟股份公司"，《商业周刊》，1993年1月7日，http://www.bloomberg.com/bw/stories/1993-02-07/the-virtual-corporation。

家虚拟公司，你甚至不需要创立一家股份公司。

虚拟股份公司的出现在某种意义上是用另一种方式继续消解收购浪潮。收购浪潮的消解表明，股份公司的边界并不是永远在扩张的：公司既可以变得更大，也可以变得更小。公司收购还强调局外人可能更有条件知悉公司内部或外部应该做些什么。比阿特丽斯公司的高层管理人员也许相信他们的公司应该生产中国式包装的食品、旅行挂车、行李箱以及立体声音响，但是市场对此更加了解，市场喜爱专注。不过，为何专注点要停留在产业上呢？显然，一家公司不必管理自己的工资册，或经办自己的养老金，或经营自己的自助餐厅，也许它也不应该生产自己的产品，甚至不应该设计自己的产品。那么，公司的"核心"是什么呢？

股份公司耐克化

或许没有哪一家机构能比耐克公司更好地例证了虚拟股份公司的思想。耐克公司是世界上最大的运动鞋和运动装公司，其年销售额高达 280 亿美元，它也是历史上最被认可的品牌之一。但是，这家拥有 50 年历史的公司在全球各地仅有 56 500 名雇员，其中还包括其 850 家门店的兼职和零售人员。① 实际上，这些门店并没有参与生产那些无所不在的耐克运动鞋，相反，几十年来，耐克公司专注于设计和营销，将其他任务都外包了出去。② 从业务上来说，耐克公司在其创立的早期主要忙于兜售汽车后备厢里的日本运动鞋，直到 1971 年才有了自己的设计并创立了自己的品牌。

生产服装甚至生产高科技的运动鞋并不需要接受过高水平专门训练的劳动力。这就解释了服装业为何分散于世界各地，坊间的服装为何常常在孟加拉国、越南、巴基斯坦、海地、洪都拉斯以及其他低收入国家生产。品质相同的球衣和球鞋可以在这些国家中的任何一国生产。耐克公司率先认识到其"附加值"来自设计和营销，而不是来自产品的组装。如今，几乎整个服装行业都采用这种模式。换言之，即使在相对高端的市场上也很难找到由标签上

---

① 耐克公司的年度报告包含收入和就业信息，这可以从证券交易所委员会的 EDGAR 网站上获得：http://www.sec.gov/edgar/searchedgar/companysearch.html。

② 关于外包的一项早期的深入评估，请参阅詹姆斯·奎因和弗雷德里克·希尔莫的"战略性外包"，刊载于《麦肯锡季刊》，1995 年，第 1 期，第 48~70 页。

的公司的雇员所生产的服装。

耐克模式给耐克公司及其股东带来了极大的成功。20世纪90年代初，苹果公司当时仍在其加州的工厂里组装苹果机，可是耐克公司已经发现了一种经营方式，它完全专注于诸如产品设计和品牌管理这样的认知和轻资产工作，而把其他环节的工作都分包给了可信的东亚供应商，仅仅坚守高附加值的部分。那些羡慕这种模式的公司所面临的问题是，飞机、汽车、电脑及药物的制造并不能像运动裤和运动鞋那样可以轻易地外包出去。不过，网络将带来变化，从电子行业到药物和狗粮行业，所有公司都将被耐克化。

从外包到供应链管理再到只做生意

耐克模式在服装业产生了良好的效果，因为轻工制造业只需最小限度的设备，这些设备可以很容易地运输。在极端情形下，一针一线就可以解决问题，甚至电力都可以不用。劳动力可以轻易地被替代，由一家供应商独家生产产品的情形是非常少见的（戈尔特斯、伯乐科技等其他知名品牌的高性能织物或许是一些例外）。电子工业就不一样了，它需要专用的零部件、洁净的环境以及某种水平的技能，而组装一种电子产品的设备和技能，还可以转而用于组装另一种电子产品。戴尔电脑与惠普电脑并没有多大差别，它们共享许多共同的零部件。

这一事实带来了承包装配商或者当今所谓的电子制造服务商的大量增加。诸如伟创力、旭电、捷普这样的电子制造服务公司最初常常做"装板工"的工作，从事装配电脑主板这样的低技能工作。然而，它们慢慢地又变得越来越重要了，以致最后发挥的作用涉及管理、总装、运送甚至售后服务。到1998年，英格雷姆麦克罗公司在为IBM、康柏、苹果以及宏碁等公司组装电脑——都是在位于孟菲斯的同一条生产线上进行组装。它们还负责安装电脑软件，将产品装入印有当地交易商标签的箱子里，然后运送到终端的客户手上。[1]

这是否意味着产品之间基本上可以互换？根据颇具嘲讽意味的一种称号

---

[1] 请参阅：绍尔·汉塞尔，"这是未来的工厂吗？"《纽约时报》，1998年7月26日，网址见：http://www.nytimes.com/1998/07/26/business/is-this-the-factory-of-the-future.html。

"原始设备制造商（OEMs）"，产品之间是不能互换的。惠普公司的一位副总裁声称消费者实际上并不关心产品是谁组装的，"我们拥有全部的知识产权，然而我们将所有的直接劳动都分包出去，并不需要将主板装到铁箱子里并接上带状电缆"。电脑已经变得像运动鞋一样，品牌和产品设计使生产过程黯然无光。

美国电子行业的耐克化对社会就业具有灾难性的后果。该行业的就业量在 2001 年 1 月曾经达到 187 万，是 10 年以来的高点，但随后迅速下降。两年之后，美国损失了将近 50 万个工作岗位。到 2015 年年初，又有 30 万个工作岗位消失了。[1] 准确地说，谷歌公司——也许是 21 世纪最成功的公司——在世界各地拥有 53 600 名雇员，而本世纪以来，美国电子行业已经丧失了相当于 15 个谷歌公司的工作岗位数。当然，那些工作岗位离美国而去的事实并不意味着它们完全消失了，因为电子产品的装配已经挪到中国了。如今，富士康公司单独在中国雇用的人员几乎跟整个电子制造业在美国雇用的人员一样多（不过，现状不会永远保持下去，因为富士康公司计划在未来几年中使其大部分工厂的工作实现自动化[2]）[3]。

当然，电脑行业也有公司存在对公司耐克化的显著抵触，那就是戴尔电脑公司。戴尔电脑公司源自迈克尔·戴尔在 20 世纪 80 年代初获得的顿悟：任何人都可以现货采购个人电脑的零部件并将它们组装成产品。戴尔公司为 IBM 提供了一个可替代的选项，除了戴尔电脑几乎与 IBM 同样好之外，价格还更便宜。不仅如此，戴尔公司还提供大规模的定制产品：它自己组装电脑，还利用电话或互联网直接向客户销售产品，使客户得到他们想要的产品。虽然电脑行业的其他公司都将生产任务外包出去了，然而戴尔公司却在美国继续经营组装车间，成为世界上最大的电脑制造商。该公司 2006 年的年度报告解释道："戴尔公司相信，制造过程和供应链管理的技术给它提供了一种独特的竞争优势。之所以设计出接单制造这样一个制造过程，其目的是为了让戴尔公司在显著降低成本的同时，使客户能够定制其想要的产品。"虽然其他电

---

[1] 数字来自美国劳工统计局，网址是：http://www.bls.gov/data/#employment。
[2] 请参阅：马丁·福特"令人不安的中国机器人革命"，《纽约时报》，2015 年 6 月 10 日，网址是：http://www.nytimes.com/2015/06/11/opinion/chinas-troubling-robot-revolution.html。
[3] 请参阅：菲利普·埃尔默-德威特，"让数字来说话：富士康是如何粗制滥造苹果 5S 手机的"，《财富》，2013 年 11 月 27 日，网址是：http://fortune.com/2013/11/27/by-the-numbers-how-foxconn-churns-out-apples-iphone-5s/。

脑公司都在缩小规模,然而戴尔公司的雇员却从2002年的35 000名增加到2007年的90 000名以上(尽管大部分都是美国本土之外的雇员)。不过,到了2012年,戴尔公司也向公司耐克化屈服了,这一年的年度报告指出,"我们在戴尔品牌下销售的大多数产品都是由第三方生产的。我们采用承包制造商的方式将产品制造外包的目的是为了实现如下目标:提高成本效率,更快地交付产品,更好地为我们的客户服务,建立世界级的产品供应链"。① 一年之后,戴尔公司以退市的方式又进行了更痛苦的调整,最终,公司耐克化赢了。

公司耐克化并没有局限于服装行业和电脑行业,许多行业均通过将产品设计和品牌管理从生产中剥离出来,从20世纪90年代开始到21世纪初形成了加速"虚拟化"的趋势。2007年,在北美销售的一百多个品牌的宠物食品都是在加拿大安大略省的同一家公司属下的工厂里用同样的粮食生产出来的。这是因为一起猫狗肾衰竭事件追踪到污染宠物食品的三聚氰胺,此事才被披露出来。受到此影响的品牌包括普瑞纳、希尔斯、爱慕斯、德尔蒙特以及多家零售商店的自有品牌,其产品全部都由曼纽宠物食品公司生产。②

药品的生产也已经被大规模地外包出去了。一篇2014年的文章指出,美国病人服用的非处方药和仿制处方药占全美国药品的百分之四十均是由印度的制药公司供应的。印度制药产业的成本优势部分来自这样一个事实:印度的药厂不用接受美国食品药品监督管理局的例行检查。美国食品药品监督管理局对中国更是鞭长莫及,这是一个问题,因为"几乎所有抗生素、类固醇以及其他救命药物的关键原料如今几乎都由中国生产"。③ 由于缺少监督和检查,仿制药品的安全问题已经显现。2008年,有81例病人死亡跟使用变质的抗凝剂有关,而这一药品的生产是外包给中国公司的,它以巴克斯特品牌在

---

① 戴尔公司的年度报告含有就业和公司战略方面的信息,这可以从证券交易委员会的EDGAR中获取(该公司进行退市交易之前的那些年度),网址是:http://www.sec.gov/cgi-bin/browse-edgar?CIK=dell&Find=Search&owner=exclude&action=getcompany。

② 请参阅:埃伦·拜伦,"101个商标,1家制造商:宠物食品的大规模召回揭示了一种普遍的做法:许多互相竞争的产品均来自同一家工厂",《华尔街日报》,2007年5月9日,网址是:http://www.wsj.com/articles/SB117867462888496739。

③ 请参阅:加德纳·哈里斯,"印度生产的药品引发安全担忧",《纽约时报》,2014年1月14日,网址是:http://www.nytimes.com/2014/02/15/world/asia/medicines-made-in-india-set-off-safety-worries.html。

美国销售。①

对于许多股份公司来说，公司耐克化是别无选择的选项。正如我们在前面几章里所看到的那样，在20世纪90年代，各家公司都面临着投资者和分析师齐声呼吁提高公司回报率的要求，公司高管们的经济福利与公司的股价越来越多地联系在了一起。

在很多情况下，投资者的需求是股份公司走向耐克模式的直接原因。让我们来思考下沙拉·李公司的情形。1996年，沙拉·李公司在《财富》美国公司500强的榜单上位居第50位。沙拉·李公司在芝加哥设立总部，是一家全球性的公司，拥有一批知名的消费品牌，包括Champion牌运动服、Hanes牌内衣、Coach牌皮具、Wonderbra牌胸罩、Jimmy Dean牌香肠、Ball Park Franks牌热狗、Sara Lee牌烤制食品、Douwe Egberts牌咖啡等。像许多多样化经营的公司一样，沙拉·李公司并没有获得它想要的股市估值，于是该公司于1997年宣布了一个"去纵向一体化"的计划，将它的工厂卖给了外部投资者，并将生产任务外包了出去。正如它的首席执行官所说的，"宰猪和开织布机是昨日的业务"。沙拉·李公司可能更像耐克公司：有形资产少，无形资产中的知识产权多。对公司的这种转型的更直接的解释是，市场对有形资产的估值不是太高。那位首席执行官继续说道："华尔街能够彻底摧毁你，那里的人是规则的制定者，他们有他们的风尚。不过，他们判断公司的方法在很大程度上有一个提升的过程，他们已经决定给予那些用最少的资产获得最大利润的公司各种溢价。我同意这种做法。"一家公司可以通过两种方式提高自身的收益率：要么增加分子（提高利润），要么减小分母（降低资产）。最好是用利润来回购股份——后者常常要容易得多。

该公司的新使命清楚地表明了它的优先目标："沙拉·李公司的使命是在全球包装消费品市场上创立领导品牌。我们的主要目的是创造长期的股东价值。"当然，在努力取悦华尔街的过程中，沙拉·李公司并不仅仅缩减了其资产基数，2000年，该公司曾经拥有154 000名雇员，而在12年之后，由于经历了无数次的分拆以及美国业务（现在叫"Hillshire Brands"）与欧洲业务（现在叫"Douwe Egbers Master Blenders"）之间的一次分割，该公司拥有的雇

---

① 请参阅：加德纳·哈里斯，"美国在11个国家确认了受污染的抗凝剂"，《纽约时报》，2008年4月22日，网址是：http://www.nytimes.com/2008/04/22/health/policy/22fda.html?ref=todayspaper。

员数量已不到 10 000 名（见下图 6.1）。2014 年，该公司的剩余资产被泰森食品公司买走，沙拉·李公司永远地消失了，或者至少消失到一位聪明的 MBA 学员购买了它的商标并贴在一家普通的外包面包坊生产的糕点上。①

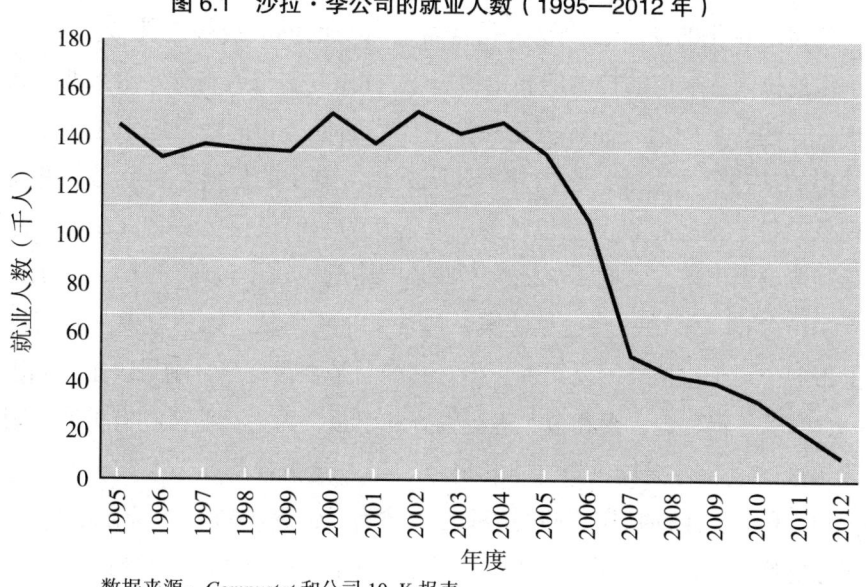

图 6.1 沙拉·李公司的就业人数（1995—2012 年）

数据来源：Compustat 和公司 10-K 报表。

责任悖论

由于有了互联网，也由于可以越来越方便地找到承包商，再加上投资者需求的推动，"去纵向一体化"几乎已经扩散至美国经济的各个角落。从运动鞋到智能手机、宠物食品、药品、午餐肉等，可以大胆地说，产品标签上的公司的雇员从未触碰过你所购买的产品。如今，公司耐克化是整个美国企业界的标准做法。虽然人们普遍知道外包在发生或者苹果公司实际上并不组装苹果手机，但是我预计很少有人意识到这种做法有多么普遍。正如爱德华·斯诺登的揭秘所强调的，即便是联邦政府如今也依赖于外部承包商来保

---

① 沙拉·李公司的故事在戴维斯（Davis）的《由市场来管理：金融是如何重塑美国的》一书中有详细的叙述。沙拉·李公司的就业数字来自证券交易委员会的 EDGAR，网址是：http://www.sec.gov/cgi-bin/browse-edgar?action=getcompany&CIK=0000023666&owner=exclude&count=40&hidefilings=0。

护外交官、拷问囚犯以及窃听公民的讯息（斯诺登为国家安全局的承包商博思艾伦公司工作，博思艾伦公司是一家具有百年历史的管理咨询公司，其所有收入均来自联邦政府的合同），所以你甚至不能再相信中央情报局的暗杀活动是由中央情报局的人所为的。

公司耐克化的一个后果是公司常常对自身的供应链知之甚少。2013年，位于孟加拉国达卡市的拉纳广场楼房坍塌，1 100名工人丧身。后来调查人员发现，一些著名的西方品牌就是在拉纳广场的危楼和危险设施里生产的，但是其中的某些公司表示，它们并不知晓其供应链中的任何不良状态，并将违规现象归咎于未经授权的分包行为。它们认为它们仅仅负责将其品牌产品的实际制造剥离出来，它们不应该为一些环节中的不轨承包商行为承担责任。

2010年的《多德—弗兰克法案》包含了一项条款，该条款要求在美国股市上市的公司（包括外国公司）必须对其产品是否含有产自刚果民主共和国的"冲突矿物"（钨、钽、锡和金）进行调查和申报，因为这些矿物有可能被用于为该地区的武装冲突提供资金。2014年，第一轮报告到期，大约有五分之四的公司宣称它们未能核实它们的产品是否含有"冲突矿物"。[①] 原因不难理解。对于惠普这样的公司，进入其电脑的矿物可以沿着供应链向后回溯四到五个阶段，远远超出了该公司的管辖范围，尤其是在装配和供应链管理被交给电子制造服务公司之后。尽管惠普公司做出了巨大的努力去获取其矿物来源的产地并保持透明度，但某些公司也许是将不明真相视为不言而喻的外包收益。正如消费者可能不知道（或者想知道）他们的衣服是否在人道的条件下生产出来的，公司也可能不大了解贴有自己品牌的产品是如何生产出来的。[②]

在各个公司将越来越多的任务外包出去的同时，公众要求提高针对供应链行动的责任标准。20世纪90年代，耐克公司因为使用血汗工厂而被激进分子盯上。1996年，一篇题为《每小时6美分》的文章在《生命》杂志上发表，该文重点展示的一张照片显示，一个巴基斯坦男孩蹲在地上缝制足球，著名的耐克标志非常显眼地印在足球上。耐克公司的最初回应——耐克公司

[①] 请参阅：金容玄，"全球供应链的可持续性挑战：来自'冲突矿物'报告的证据"（2015年，未出版的手稿，密歇根大学罗斯商学院存档）。

[②] 请参阅：杰拉尔德·F. 戴维斯，"商品是如何生产的"，《纽约时报》，2013年5月11日，以及"全球供应链能否对自己的行为负责任？"《耶鲁全球在线》，2013年5月16日，网址是：http://yaleglobal.yale.edu/content/can-global-supply-chains-be-accountable。

并不拥有那些工厂,因而不为它们的劳动条件负责——激起了公众的愤慨和抵制,最终耐克公司为供应商制定出了行业领先标准,以便保护它的品牌形象。① 同样的信息技术既方便股份公司与世界各国的外部承包商合作,也方便媒体记者和社会激进分子披露其供应链中的不良状况并提出改进要求。世界上大量的可可均来自象牙海岸国家,在那里,许多农场依靠童工——有时候,儿童苦力和孤儿是从马里这样的邻国贩卖过来的——来收割农作物。对于大多数社会人士的目标而言,抵制糖果公司有效地提升了劳工标准(尽管赫尔希是最晚认同的人士之一;他的有表决权的股票大部分由一家信托基金代表宾夕法尼亚赫尔希镇的一家孤儿院控制着)。在拉纳广场事件之后,多家工业集团在孟加拉国服装行业采用了各种标准,尽管某些公司干脆全部撤出该国,比如迪士尼公司。

这就是责任悖论:公司日益地分散化和"虚拟化",但是社会又要求它们为其供应商、雇员甚至东道国的公司行为负责。在公司耐克化成功之后,社会激进分子主张股份公司应该在道德上甚至在法律上为其供应商的行为负责。尽管公司可能辩称它们对价值链上发生的事情并不知情,但是他们依然不能轻易地逃避责任。1996年,缅甸某地的村民根据《外国人侵权赔偿法》起诉加州联合石油公司,理由是保护该公司输气管道建设的缅甸士兵侵犯了人权。可口可乐公司因水源耗竭和水质退化而遭到印度灌装商的抵制,这些灌装商大都是独立的公司。尽管股份公司已变得虚拟化了,但其后果却是实实在在的,公众(至少偶尔)对问责制有期待。②

在下一章,我们将阐述无处不在的外包是如何给股份公司带来另外一种危险的。

---

① 请参阅:雪莉·班卓,"耐克努力在成本和孟加拉国工人的安全之间保持平衡的内幕",《华尔街日报》,2014年4月21日,网址是:http://www.wsj.com/news/articles/SB10001424052702303873604579493502231397942。

② 关于责任悖论的更多细节,请参阅杰拉尔德·F. 戴维斯、玛丽娜·惠特曼和梅耶·N. 扎尔德的"责任悖论",载于《斯坦福创新评论》冬季刊,2008年,网址是:http://www.ssireview.org/articles/entry/the_responsibility_paradox/。

第7章　上市公司已成明日黄花

非商标制造商和分销商的增长以及云服务的广泛运用，意味着进入许多行业的壁垒已经不复存在了，而这些行业原本是由传统的股份公司所主导的。只要有信用卡和网络链接，任何人都能开设公司，从法人团体到生产公司再到分销公司。带来现代股份公司的规模经济在许多行业大多消失了。轻量的进入者可以通过租用而不是购买产能而迅速扩张或收缩，其低成本意味着它们在许多领域是消费者的优先选择。例如，在2007年年末，（拥有200名雇员的）Vizio在美国销售的电视机数量与（拥有150 000名雇员的）索尼公司基本持平。[1]这些轻量级的公司具有适度的时间范围，没有什么道理去承担上市的代价。与此同时，诸如戴尔公司这样的重量级公司却面临着生存的威胁，要求进行大规模的、不确定的重组，其结果往往是退出股票市场。

上市公司的衰落并不意味着公司本身的瓦解，它们将以这样或那样的方式继续存在。企业组织的法律和金融形式有各种各样，当今时代见证了各种企业形式的百花齐放，但是上市公司可能就像西欧的贵族制一样，它依然出现在某个角落，但不再是社会的主导力量。

弹出式公司

想象一下你坐在沙发上就开办一家公司。有这种可能吗？让我们假设一种产品：苹果手机远程无人机刺客应用程序。该应用程序允许使用者控制无人

---

[1] 请参阅：克里斯托弗·劳顿、香里·岩谷·凯恩以及詹姆斯·迪安，"美国暴发户在价格战中挑战电视巨头"，《华尔街日报》，2008年4月15日，网址是：http://www.wsj.com/articles/SB120820684382013977。

机从事秘密活动。该产品的市场将包括自由经营者和各种政府承包商。第一步是在一个听上去正规的地方租用一个虚拟空间，最好是在硅谷（以便传递出高科技街道的名声）。下一步是在非洲的利比亚共和国在线注册一家公司，利比亚是许多合法公司的注册地，其中包括以迈阿密为基地的皇家加勒比海邮轮公司。这种方式既简单又快捷，到了纳税时间也许还有一些未加说明的好处。资金问题怎么样？由于2012年《创业企业扶助法案》的颁布，创业者可以通过各种众筹网站轻易地在线寻找投资者。他们可以通过Upwork以及其他网站聘用编写应用程序的合同程序员。无人机本身的制造商几乎肯定可以从阿里巴巴获得，它包括了大量中国的遥控飞机卖家。Square是一家对用户非常友好的支付公司，它允许任何人接受信用卡支付，只要他拥有智能手机或平板电脑即可。最后，Shipwire将在长滩的码头取走产品，然后把它们存入仓库，再把它们配送给客户。通过几次的鼠标点击，你就可以成为一名企业家。

你也许想走得更远。硅谷的公司几乎无一例外地都有一个虚构起源的故事，比如说点子是在旧金山的某间咖啡屋里产生的，或者说产品原型是在帕罗奥图的车库里打造出来的。雇用一个"有创意的"在线承包商来编造一个合适的传说是最简单不过的事情了。如果你想进一步增进你的产品的适销性，那么你就可以考虑为你的产品租用一个已停用的品牌，比如美国无线电公司或西屋电气公司的产品品牌，一些年纪稍大点的消费者或许还依稀记得并信任这些品牌。

这种场景并非完全虚构。还记得迈克尔·戴尔是如何在他的宿舍里开办电脑公司并将它的电脑培育成美国最畅销的电脑品牌吗？如今，只要有信用卡和网络链接，任何人都能够足不出户地创立公司，因为一个又一个行业的进入壁垒已经消除。在许多行业，一方面，企业做大规模和实行一体化已不再有利可图，而在另一方面，许多无商标制造商愿意为任何人服务，这使得新的竞争者可以进行市场测试并根据需要租用更多的产能。

2010年，Vizio通过提供由台湾合作伙伴组装、由好事多等大型零售商销售的低成本电视机，成长为美国最畅销的液晶电视机品牌，它打败了三星并远远超过了索尼。① 正如迈克尔·戴尔认识到电脑由现成的零部件组装而成

---

① 请参阅：唐·雷辛格尔，"瑞轩科技支配美国液晶电视市场"，中网在线，2011年2月24日，网址是：http://www.cnet.com/news/vizio-dominates-lcd-tv-market-in-u-s/。

并带有一个多余的商标一样，Vizio 的创立者也承认，任何人都能生产平板电视，并且具有最优分销系统、成本最低的制造商会胜出。但是，Vizio 不同于戴尔公司，它选择不对资产和雇员进行投资：在超越索尼公司的时候，它仅有不到 200 名雇员，即便是现在，随着它的业务扩大到音响设备和手提电脑，它也仅有 400 名雇员，大致与一家典型的沃尔玛超市一样多。

在 Flip 摄像机于 2007 年至 2009 年期间诞生以后，它也迅速成长为千禧一代必备的外设产品。尽管仅有 100 名雇员，但由于其聪明的设计和营销，它在行业里拥有最大的市场份额。2009 年，思科公司买下了 Flip 公司；两年之后，由于 Flip 产品过时了，Flip 公司被迫关闭——许多人原本愿意购买一台 Flip 摄像机，但现在已经拥有一部功能比较全的智能手机去替代了。[1]Flip 是弹出式餐饮公司的对等物，从诞生到主导市场再到被淘汰的四年时间里，它要比柯达公司有效率得多，后者花了一个多世纪的时间，动用了上万名的职业雇员，才经历了与前者同样的发展轨迹。

让我们把 Vizio 和 Flip 跟它们更著名的竞争者索尼公司进行一个比较吧。索尼是历史上最著名的品牌之一，因其随身听和特丽珑电视机等产品而蜚声世界各地。但是由于其拥有 150 000 名雇员、几十亿美元的资产、昂贵的东京房地产，致使其维持经营的成本非常高，从而丢失了数十亿美元的电子产品业务（它在人身保险、电影和音乐领域的经营要成功得多）。一些金融分析师一致敦促该公司完全放弃电子产品，正如一位分析师在 2013 年时说的那样，"电子产品是它的阿喀琉斯之踵，我们认为其价值为零……在我们看来，它需要退出大部分电子产品市场"。[2] 在这项报告发表后不久，索尼公司就卖掉了它的个人电脑业务并将电视机业务下放给了一家附属机构。就像它的分析师所要求的那样，索尼公司断断续续地退出了电子产品领域。

但是，音乐业务同样面临着某种形式的轻量化竞争。仅拥有 43 名雇员

---

[1] 请参阅：艾希莉·万斯，"小型便携式摄像机具有高回报率"，《纽约时报》，2009 年 3 月 19 日，http://www.nytimes.com/2009/03/20/technology/companies/20flip.html；以及萨姆·格罗瓦尔特和伊芙琳·M. 鲁斯丽，"Flip 摄像机从隆重推出到退市仅仅用了四年时间"，《纽约时报》，2011 年 4 月 21 日，网址是：http://www.nytimes.com/2011/04/13/technology/13flip.html。

[2] 请参阅：田渊裕子，"索尼的生计？它不是电子产品"，《纽约时报》，2013 年 5 月 27 日，网址是：http://www.nytimes.com/2013/05/28/business/global/sonys-bread-and-butter-its-not-electronics.html。

的斯德哥尔摩 X5 音乐集团制作了 50 张 2010 年最畅销的古典唱片中的 13 张,其数量大致与 Universal 音乐集团相当,后者是该行业的重量级音乐集团。X5 音乐集团将演出的权利授权给了小型古典音乐唱片公司,并将它们"包装"成专辑,然后通过 iTunes 和亚马逊进行在线销售。由于不需要物理产品,因此该公司可以在规模极小的同时却产生广泛的影响力。不同于索尼公司和 Universal 音乐集团,它不需要公司的喷气式飞机和摩天大楼。[①] 类似地,全盛时期的百视达公司拥有 83 000 名雇员和 9 000 种影音故事的物理介质,而今日的网飞公司仅有 2 200 名雇员并从亚马逊公司租用服务器容量。[②] 后者租用资产和使用合同雇员的能力使得其规模小而灵,但是影响力却并不小。

1977 年,社会学家约翰·迈耶和布莱恩·罗恩写道:"组织的构件分散于社会景观的周围,只要少许创业活力就可以把它们组建成合适的结构。"[③] 在他们写这篇文章的时候,这种想法富有诗意但几乎是异想天开。然而如今的场景,却是这一想法的真实描述。

股份公司曾经是一种社会机构,它的使命、成员和边界将公司的内部和外部严格区分开来。然而如今,股份公司却更像是一个网页。我的说法是什么意思?在一个网页上右击,然后选择"查看页面的源代码",你所看到的视觉设计页面带给你的持续性愉悦感被难以理解的代码页面所取代了。许多代码实际上是传达如下信息的指令:"去位于如下地址的数据库中调取一张图片放到如下位置;去另一个数据库中调取一些文本过来。"它是对外部资源的一系列访问,这些资源被分秒不差地调集到一起,然后传递出你所想要的图景。Vizio、Flip 以及众多其他公司在很大程度上都是如此这般:它们不是一种拥有成员和义务的永久性社会机构,只不过是一个互联网页面而已。

---

① 请参阅:伊桑·史密斯,"1 000 万美元的互联网混音唱片",《华尔街日报》,2011 年 8 月 31 日,网址是:http://www.wsj.com/articles/SB10001424053111904009304576534711415540824#printMode。

② 关于网飞公司的信息,请登录 http://www.sec.gov/Archives/edgar/data/1065280/000106528015000006/nflx201410k.htm;关于百视达公司的信息,请登录 http://www.sec.gov/Archives/edgar/data/1085734/000119312505063510/d10k.htm。

③ 请参阅:约翰·W. 梅耶,"制度化组织:作为神话和仪式的正规结构",《美国社会学杂志》(1997 年),第 83 卷,第 41 ~ 62 页。

成为股份公司的高昂代价

回顾一下当初产生股份公司的原因对我们是有益的。创立股份公司的目的是去从事冒险项目的经营,这些项目所需的投资规模将会较大、风险很高,以致个人或家族无法独立为其筹资。在美国,19世纪典型的股份公司是铁路公司以及后来的制造业公司。这些公司需要资金来购买有形资本,比如土地、工厂和设备。如果一个人需要拥有昂贵的长期资产,那么股份公司就是一种明智的企业组织形式。因此,股份公司是为具有规模经济特征的企业提供资金的好方式,企业规模越大,这种方式的融资成本就越低。在具有几千名雇员的底特律巨型生产线上制造汽车,然后将它们由底特律运至全国其他地方,如果这是最廉价的经营方式,那么明智的做法是建立一家股份公司并向公众发行股票。20世纪的许多产业模式看上去就像这种模式,特别是美国的产业,先有铁路,后有州际高速公路,它们将美国各地的市场联结成巨大的美洲大陆市场。正如企业史学家阿尔弗雷德·钱德勒所主张的那样,这正是美国经济在20世纪初公司化的主要原因。大规模生产的技术和管理新方法的优点使得现代股份公司成为可能,考虑到它的成本优势,股份公司或许甚至不可避免。

当然,其他国家有其他选项,有些国家的巨型企业常常由中央政府提供资金并归中央政府所有。例如,在法国和英国,许多知名的大型制造企业和运输公司都是国有企业。但是,在美国,巨大的消费市场由私营的股份公司提供服务,而后者又在巨大的资本市场上获得资金。

成为上市公司必然带来上市成本。在公开市场上筹集资金必须接受一系列的责任性和透明度的要求。投资者需要某种能让他们相信自己至少能要回投资本金的保证,而为了使这样的保证变得可信,公司就得花费成本,而有些成本是显性的。上市公司需要公布月度和年度报告,说明公司做了什么、谁在经营、如何经营,同时还必须公开其资产负债表,解释它的资产(它拥有什么)和负债(它借了什么)情况。另外,上市公司还必须公布其损益表,该表记录它的收益和费用。由一位声誉良好的外部会计师对那些账目进行核对,这不仅是必要的,而且费用也是高昂的。

上市公司还必须披露其大量的其他信息,例如,董事会成员及其资格条件和其他承诺,高管的薪资水平,公司面临的风险,劳工关系的进展,等等。

披露这些的目的是方便投资者对如下问题作出评估：投资于一家公司是否明智？该公司的价值可能是多少？这些披露还方便实际或潜在的竞争者看到该公司的发展状况。这些是上市公司的另一种成本。

股份公司还要面对其他企业所不用面对的各种监管。在美国，股份公司由各州而不是由联邦政府批准设立，各州互相承认各自所制定的条款。这就是特拉华州能够成为迄今为止最受欢迎的公司注册地的原因，尽管鲜有公司实际上将总部设在特拉华州。联邦政府仅负责对股市以及在股市上交易的公司进行监管，因此，每当国会想约束企业的行为时，它通常通过监管美国股市上的上市公司来实现其目的。当国会希望各家公司停止在其他国家的行贿活动时，它便制定法案，比如，它通过了1977年的《海外反腐败法案》，该法案判定"证券发行公司向外国官员和其他外国人行贿是违法的"（值得注意的是，《海外反腐败法案》也适用于几百家在美国上市的外国公司，其中的一些公司抱怨这是"监管帝国主义"）。类似地，在美国上市的公司如果正在使用来自刚果民主共和国的"冲突矿物"制造产品，则根据《多德—弗兰克法案》要求它们加以披露。

发行股票的股份公司面临着许多繁杂的有关其公司治理和其他经营事项的法规，这些法规不可避免地会带来财务成本。需要澄清的是，我不是在反对金融监管，正如我不反对去看牙科医生或安装烟雾报警器一样（后两者都要花钱）。诸如安然和世界电讯这样的公司其所进行的金融诈骗勾当掠夺了许多人的退休金。除非公司完全由圣人来经营，否则公司必将存在遵守合理规章制度所带来的成本。

成为上市公司的其他成本是隐性的。公众对股份公司有各种期待：安全的产品，合理的工资，诸如健康保险这样的体面的职工福利，合乎道德的产品供应链，公司的社会责任感，等等。每当有股份公司辜负公众的这些期望时，它们的法定披露材料就成了新闻记者和社会激进分子的信息宝库，这些人想要股份公司承担起社会责任。任何人都能在美国证券交易委员会的EDGAR网站上查阅到任何一家上市公司的5名顶级高管在过去20年的薪酬方案（EDGAR代表电子化数据的采集、分析及检索系统，其网站信息见本书末尾的"数据来源"）。这就是为什么金融出版物的专栏空间每年必然充斥着顶薪高管的故事，这也是为什么人们往往通过发现CEO薪酬与普通员工薪酬之比的离谱估值来证明美国企业界高端人士的贪婪。我们还可以设法查找一下有关科赫工业公司的信息，该公司不是上市公司，因而也不需要向公众披露它的收入。

社会活动家们还发现，将上市公司作为批评对象要比其他类型的公司容易得多。化石燃料公司当前面临着一个由气候变化活动家发起的全球性运动，该运动的目的是游说大学、基金会和其他大型投资者撤出这个行业。与此同时，在2015年，埃克森美孚公司和其他石油公司也面临着股东们提出的一系列与气候相关的建议：采纳降低温室气体的经营目标；将资本分配给股东而不是花费在碳密集项目的基建投资上；任命一位在气候变化和再生能源方面有专门知识的董事；将高管薪酬与可持续发展的绩效挂钩；定期报告公司为降低由水力压裂法造成的负面影响而做出的努力。① 但是另一方面，诸如科赫工业公司这样的化石燃料行业的非上市公司，不用担心撤资或者激进主义的投资者。

除了监管机构的监管和媒体与社会运动的监督之外，上市公司如今还面临着来自对冲基金的规模空前的激进主义的干扰，这些对冲基金要求改变上市公司的人事、财务和企业战略。正如本书在第5章中所指出的那样，《经济学家》杂志在2015年的报告显示，自2009年以来，15%的标准普尔500指数公司已被一些具有激进主义倾向的股东盯上了，他们的要求通常包括要一个董事会席位、一位新的首席执行官、一场分道扬镳和/或一次股票回购的某种组合。因此，股价的表现不再足以抵挡激进主义者的主张；即使作为世界上最有价值的股份公司——苹果公司——也因为过多的现金储备而被他们盯上。如果苹果公司都不能让它的股东们开心，那就没有哪家股份公司能够不受激进主义者身份的股东影响了。

成为一家上市公司是要付出代价的，不过如今，上市公司的门槛太高了，以致上市的收益难抵上市的成本。成为柯达公司或者索尼公司的代价是高昂的。它们都有大量忠诚的员工，因而都要对它们的雇员和社区承担广泛的责任和义务。这种履行责任和义务的能力使得这两家公司成为稳定的雇主或者良好的企业组织。但是，这种能力同时也使得它们难以适应成本结构的巨大

---

① 埃克森美孚公司的股东委托书包括股东提案，可以通过点击如下链接而获得：http://www.sec.gov/Archives/edgar/data/34088/000119312515128602/d855824ddef14a.htm。

变化，而成本结构的巨变使得 Flip 公司和 Vizio 公司成为它们强有力的竞争者。如今，民族国家的安全面临的最大威胁常常不是来自其他民族国家，而是来自使用网络的黑客和简易爆炸装置的准军事集团。同样地，股份公司的生存能力所面临的某些最大的威胁不是来自资本充足的竞争者，而是来自低成本的弹出型公司。

成为一个项目的低廉成本

耐克公司证明了运动鞋的价值在于产品的设计和品牌本身，而不在于实际的鞋子的生产和分销。产品的设计和分销完全可以分离开来，消费者似乎对此并不介意。价值存在于知识产权中，而商品本身是可以替代的。正如我们在上述第 6 章中看到的，这种模式已超出了服装行业，如今几乎涵盖了电脑和电子行业、药品、宠物食品行业，以及你在美国几乎可以买到的所有其他物品。大多数消费者都明白，作为我们这个时代的主导产品，苹果手机是由富士康公司组装的，而不是由苹果公司生产的。除了偶尔关心侵犯人权问题之外，消费者和投资者对其他并不感到担忧。

戴尔公司的转型表明，如果产品价格足够低廉，那么，即使产品设计也并不总是特别重要。如果戴尔公司的电脑更好、可以定制、便宜得多，那么消费者为何要为 IBM 的商标而支付额外的钱呢？Vizio 公司又进一步完善了戴尔公司的模式，它的产品设计完全去商标化，也不做定制，然而它的产品却要比索尼这样的名牌产品便宜得多。Vizio 公司不像索尼公司，它没有作为一个社会机构的包袱（和成本）。在植入式 3D 虚拟现实 brainpod 取代平面屏幕电视的时候，Vizio 公司的图标会无声无息地消失，转而被一家新的无商标植入式的 brainpod 卖家所取代。

颇有讽刺意味的是，20 世纪 90 年代和 21 世纪初的外包是由股东驱动的，这种驱动促使创造了诸如通用汽车这样的公司建立了制造、配送、商业服务以及计算能力等基础设施，然而结果却使得股东们拥有的股份公司成为过时。20 世纪 90 年代的公司重组几乎不可避免地伴随着股东价值的困顿，就像沙拉·李公司所发生的那样。虚拟公司模式的扩散对于即插即用产品的无商标卖家来说是一件好事，这些卖家组装产品并管理供应链，然后把产品运送给消费者并提供各种商业服务。但是，一旦所有这些零件都可以获得现货供应——不仅仅是物理零件，而且还包括必要的流程，那么，对于任何人来说，成为下一个迈克尔·戴尔就变得容易得多了。规模经济使得股份公司在20世纪变得不可或缺，但如今却背离了股份公司。

令人惊奇不已的是，这一进程的到来是以牺牲投资者阶层的利益为代价的，而当初正是在他们的促动下才开启这一进程的。如果我用一张信用卡就可以开办一家公司，而且这家公司将迅速成长为支配者，那么我为何还需要风险投资人呢？一篇2013年的《纽约客》文章描述了插入式资源的便捷使用带来了开办新公司的成本的急剧下降。

从前，一个创业者会去找风险投资人借入首轮500万美元的资金，硬件成本、软件成本、营销、分销、客户服务以及销售等环节都需要这笔资金，然而如今，却有在线的备选方案。"2005年，整个事情迅速发展，"（一位知情者）告诉我，"硬件？不用，现在你只要把它放到亚马逊或Rackspace上就行了。软件？都是开源的。分销？就是应用程序商店，就是脸谱。客户服务？就是推特——无非是在推特和Getsatisfaction上回复你最好的客户。销售和营销？就是谷歌AdWords和谷歌AdSense。因此，开发并推出一款产品的成本从500万美元一路下降到100万美元，而后又下降到50万美元，现在已经降到5万美元了。"①

我们不难预测这种成本将继续下降，并且这种下降不会仅仅局限于应用程序上的初创公司。在很大程度上得益于作为机床大脑的CNC（电脑数控）技术，固定设备的成本早已大幅下降。一台ShopBot刳刨机能为宜家产品目录上的许多家具剪辑设计图，其成本远远低于私立学院的学生一年的学费，而一台便携式版本的机器比笔记本电脑贵不了多少。实际上，现今配备一间机工车间要比送一个小孩读大学来得便宜。但是，并没有必要真的去购买或租用设备，因为TechShop或其他类似创客空间的会员资格允许创客们以健身会员的价格使用高端精密设备。由于可以轻松地获得开源设计，因此任何能组装宜家家居的人都能使用自己的材料亲手制作这种家具。

---

① 请参阅：内森·海勒，"备受关注的海湾：旧金山的创业文化是如何改变这个国家的"，参见《纽约客》，2013年10月14日，网址是：http://www.newyorker.com/magazine/2013/10/14/bay-watched。

什么是"大型"股份公司？

这场从股份公司到项目的转变所产生的最显著的结果在于新创立公司雇佣惯例的改变。在二战后的大多数时间里，顶级股份公司倾向于高收入、高就业、高资产以及高市场资本总额。但如今，这些不同的"规模"指标已不再必然地联系在一起了。沃尔玛公司有巨大的收入、就业规模和市场资本总额。通用汽车公司和克罗格公司也有巨大的收入和就业规模，但市场资本总额（股份价值）适中。脸谱公司有巨大的市场资本总额，但仅有少量的就业人数。

下表 7.1 展示了 1962 年到 2012 年期间拥有最高股票市值和最大员工规模的 5 家股份公司。在这个时期的大部分时间里，最有价值的股份公司也是规模非常大的公司，它们提供相对可靠的就业和职务升迁机会。但是，到了 2012 年，只有沃尔玛公司居于市值前五之列，它拥有 100 000 名以上的雇员，它向绝大部分雇员提供的职业阶梯更多的是"踏凳"。沃尔玛公司分别是美国、加拿大和墨西哥三国最大的私营公司。在美国，沃尔玛公司拥有的员工比一打顶级制造商的员工之和还要多，而且该公司还拥有非常高的员工流动率，而且它的很大一部分员工都是兼职的，这与以往的大型公司形成了鲜明的对照。

表 7.1 市场总值前五的美国股份公司及其雇员人数（千人，1962—2012 年）

1962 年		1972 年		1982 年		1992 年		2002 年		2012 年	
公司	雇员	公司	雇员	公司	雇员	公司	雇员	公司	雇员	公司	雇员
美国电话电报	564	美国电话电报	778	美国电话电报	822	美国电话电报	313	埃克森	93	苹果	76
杜邦	101	柯达	115	埃克森	173	埃克森	95	通用电气	315	埃克森	77
埃克森	150	埃克森	141	通用电气	367	通用电气	231	微软	51	谷歌	54
通用汽车	605	通用汽车	760	通用汽车	657	菲利普莫里斯	161	辉瑞	98	微软	94
国际商用机器	81	国际商用机器	262	国际商用机器	365	沃尔玛	434	沃尔玛	1400	沃尔玛	2200

数据来源：Compustat。

我们现在来考察一下 2000 年以来的高科技经济中的著名公司。你知道有多少人确实为这些公司中的任何一家公司工作吗？除非你生活在帕罗奥图，否则答案肯定是"不知道"（如果你知道有人声称他在为那些公司工作，那么他很可能是一个承包商而不是一名雇员）。截至 2015 年，脸谱公司拥有 13.5 亿的使用者，但只有 9 199 名雇员；推特公司每月有 2.88 亿的使用者，但也只有 3 638 名雇员；Dropbox 公司拥有 3 亿以上的使用者，但仅有 971 名雇员，外加 Zynga 公司 1 974 名雇员；Zillow 公司有 1 215 名雇员；领英公司有 6 897 名雇员；优步公司有大约 2 000 名雇员；Square 公司有 1 000 名雇员。当然，谷歌公司——21 世纪的典范性股份公司——要稍大一些，在世界各地拥有 53 600 名雇员。但是，所有这些公司在世界各地的员工之和也才 80 000 名，少于百视达公司 2005 年的雇员数，也少于通用汽车公司在 1942 年一年净增的员工数。

我们可以合情合理地问：脸谱公司是一家大型股份公司吗？作为一家市场资本总额接近 2 500 亿美元（目前要高于摩根大通银行，并且远高于花旗银行和美洲银行）的公司，脸谱公司似乎是一家大型股份公司，而且它的名字为众人所熟知。但是，几乎没有人真的在那家公司工作，而且尽管有"应用程序经济"的神话，也几乎没有人靠编写应用程序来谋生（这是我们在接下来的章节里将要讨论的主题）。脸谱公司 2014 年的营业收入仅仅 125 亿美元，大约居《财富》500 强榜单的中游位置（2013 年排第 341 位）。

可供选择的经营方式

认为股份公司不知何故遇到了麻烦的想法听起来令人吃惊，即使不是完全荒唐可笑的，也非常荒谬。我们整天置身于琳琅满目的著名的品牌当中，接受各种广告的强烈冲击，沉浸在股份公司社会里的各种诱惑物中。我们的政治为"股份公司的金钱"所绑架，股份公司利益的影响似乎无所不在。毫无疑问，我不能断言这完全是一种假象或股份公司行将消失，但至少可以说，股份公司从来没有现在这么强大。

强调一下，本书正在描述的"股份公司"是那些在股市上发行股票的公司。不是所有的经营形式都将消失，也不是所有的上市公司都在劫难逃。别忘了，封建制度早就消亡了，但是我们依然看到西欧大多数国家仍然存在皇室家族。我想说的是，上市公司将不再是经营或组织后工业经济的默认方式，正如封建制度不再是组织农业经济的默认方式一样。上市公司非常适合大规模生产和规模经济。低廉的进入成本意味着许多可供选择的方式成为可能，如果成本更低，那么一些公司就会胜出。

什么是可供选择的方式？最流行的方式也许是 LLC（有限责任公司）。在美国几乎所有的州创立有限责任公司既简单又廉价；它具有高度的灵活性；因为全部利润直接流向公司的所有者，所以它的税务处理也比较简单。在某些州，不到 50 美元就可以创立一家有限责任公司；几年来，以有限责任公司的形式组建新公司的可能性已经远高于股份有限公司。人们自己所在的地方的麦当劳特许店和牙科诊所很有可能就采用有限责任公司的组织形式。更有甚者，火人节——一年一度在内华达沙漠里举办的反文化节日——也是以有限责任公司的方式创立起来的。有限责任公司也可以非常庞大。一些私募股权公司拥有的企业通常采用有限责任公司的组织形式。例如，在克莱斯勒公司被戴姆勒公司卖给博龙资产管理公司之后，该公司就采用有限责任公司的组织形式。玩具连锁店"玩具反斗城"的名义上所有者是杰弗里有限责任公司，但是它的最终所有者却是贝恩资本有限责任公司。

如果考虑利润之外的其他目标，则公司的法律形式有微利有限责任公司和慈善股份公司。将资本导向企业的备选方式包括私人所有制（比如家族企业）、私募股权以及诸如众筹这样的新形式。这些形式是与各种可供选择的法律结构兼容的，不过有限责任公司是默认的法律组织形式。

由于进入壁垒低下，经商的新方式急速地增加。如果创办公司的费用低廉并且只需要少许投资和专用资产即可，则低成本的法律组织形式就具有吸引力；即使对于更大的经营规模来说，上市公司作为法律组织形式中的一种的好处也在递减，因为存在前述的各种固有成本。

归根结底，生存下来将是那些以人们愿意支付的价格提供他们想要的商品和服务的公司。在 20 世纪的大多数时间里，这些公司的有效规模非常大，而且大型股份公司常常生命周期很长。如今，公司规模通常很小，这多半意味着股份公司数量少、寿命短。在下一章里，我们将考察一下这种情形是如何导致 IPO 市场经历长期的衰落过程的。

第8章 IPO市场苟延残喘

对于某些经济活动来说，其最经济的法律企业组织形式是成立股份公司，然后把股份卖给公众，但是这些经济活动的范围正在迅速地缩小。创立公司的组件常常是现成的，这使得弹出式公司的设立变得可行，这类公司要比现有的股份公司更便宜、更灵活。但是，某些公司依然在做首次公开募股（IPO）工作，也就是在过去所谓的"资本筹集"中把股票卖给公众。为什么？

IPO给公司的创立者及其财务支持者一个套现的机会。公司上市使得风险投资人可以收回他们的投资，还使早期的雇员可以获得提供给他们的回报，为公司创造用于收购交易的资金。向公众出售股票有很大的吸引力。

但是，IPO对股票购买者的吸引力却并非显而易见。在2000年互联网泡沫破灭之后，一些上市公司常常嘲笑公司治理准则（例如，通过超级投票权股份给予公司创立者以永久的控制权）。公司上市的基本依据——为了回报雇员和早期投资者，而不是为了购买长期资产而筹集资金——意味着这样的公司作为上市公司在长期是不可持续的，尽管投资者对回报的要求可以使这些公司维持某些时间。

三个不可思议的字

根据某些人的说法，所有创业者的目标都是将他们公司的股份通过首次公开发行或IPO卖给公众。IPO提供了偿还早期投资者和回报雇员的机会，与此同时，它还确保了公司创立者的愿景依然有效。公司上市是创业者和公司生命中的巨大成就和重大事件，它还能使公司创立者变得非常富有。但是，由于存在丧失控制权的可能性，因此并不是每一位创业者都看重公开上市。

作为美国资本主义的一种标志，福特汽车公司直到1956年才公开上市，也就是在它的创立者逝世之后的第九个年头和公司成立的半个世纪之后才公开上市。亨利·福特终身热衷于公司的控制，并通过连续的纵向一体化实现他对公司的掌控，但是公开出售股份是与他的愿望相矛盾的。据说亨利告诉他那提倡公司上市的儿子，"我要在允许任何犹太投机者得到福特公司的股票之前，把公司的每一个工厂都拆成一块块砖头"（亨利是引领汽车工业发展的先驱，但是他在道德上却没有那么高尚）。① 福特公司最终公开上市的时候，福特家族保留了一种股份，这种股份给了福特家族40%的投票权，这就有效地保证了福特家族对公司的永久控制权。

在20世纪的大多数时间里，如果股份公司有很强的经营能力和未来的赢利计划，那么它们就会进行IPO。IPO能够筹集资本，然后购买厂房和设备、店面和各种车辆，从而扩大自身的规模并提升实力。建立巨大而高效的工厂要花费大量的金钱，建立从大西洋到太平洋的分销网络和百货公司同样如此。计划上市的公司向潜在的投资者说明它们的资金使用方案，解释为何它们预期将来有足够的利润以确保投资者购买它们的股票而不会吃亏。

但是，在20世纪90年代，在任何新兴技术公司的生命中，不管它是否曾经赢利甚至是否有营业收入，IPO都几乎成为不可避免的步骤。佛罗里达大学的杰伊·里特教授提供的数据表明，从1990年到2000年，美国有近4 500家公司进行了IPO。② 数百家生物技术公司和互联网公司公开上市，但最后成长为真正的企业的可能性非常小。一个大概念，比如，网上销售宠物用品，似乎就足以构成IPO的理由，即使没有任何营业收入和可信的赢利计划也如此。华尔街的相关人士从IPO中挣得大笔佣金，早期投资者则期望股价有朝一日一飞冲天，某些人称之为"意外之财"。股票上市产生了一大批的服务提供者，包括律师、银行家、会计师以及咨询师。20世纪90年代股市的飞速发展，使许多公司可供大家分享业务。IPO吸引了无数的世界各地的投资者，带动了创业的良性循环，或者至少创新了许多隐约可行的商业理念。

---

① 请参阅：吉姆·亨利，"亨利·福特从不希望他的公司上市"，《美国汽车新闻》，2003年6月16日，网址是：http://www.autonews.com/article/20030616/SUB/306160730/henry-ford-never-wanted-his-company-to-go-public。

② 里特教授位于沃灵顿商学院的网站是美国IPO数据的权威来源：http://site.warrington.ufl.edu/ritter/ipo-data/。

某些月份会有大量的 IPO。1999 年 11 月 23 日,有下列公司进行了公开上市:

- Agency.com(交互式营销)
- Cartesian, Inc.(通信行业的咨询)
- Deltathree, Inc.(IP 电话)
- Digital Impact, Inc.(互联网营销)
- DrugMax, Inc.(药品和美容产品分销商)
- GetThere, Inc.(网络旅行订票)
- Official Payments, Inc.(美国税务局的电子支付)
- SmarterKids.com, Inc.(儿童教育图书和游戏产品的在线分销商)
- TeleCorp PCS, Inc.(无线服务)
- Teledyne Technologies, Inc.(从大型联合企业 Allegheny Teledyne 分拆出来的公司)
- Water Pik Technologies, Inc.(从 Allegheny Teledyne 分拆出来的公司)

11 月 24 日分别又有 3 家公司上市:Axesstel, Inc.(无线宽带)、KnowledgeMax, Inc.(电子商务的供应链管理)以及 PNV, Inc.(向卡车司机打包提供通信、有线电视和互联网接入服务的主要提供商,方便卡车司机在驾驶室的私人空间或方便的场合接受服务)。①

这种对公开发行股票的狂热是前所未有的。似乎任何模糊的商业概念,只要其名跟"互联网"沾边,几乎都能从热切的投资者那里筹集到大量资金,而其中的许多投资者是市场的新人。互联网时代公司的无节制发展有大量的文献记录。华尔街的贪婪和投资者的轻信吹大了一个泡沫,甚至让富有经验的投资者也难以置信。沃伦·巴菲特和其他重量级的投资者都在焦急地等待着这场狂欢的结束,他们没有采用远远脱离任何预期利润理论的最新技术。市场不可能永远保持这种疯狂状态。

---

① IPOs 的数据引自宾夕法尼亚大学沃顿研究数据服务中心的 Compustat 数据库(网址:https://wrds-web.wharton.upenn.edu/wrds/),以及美国证券交易委员会 EDGAR 数据库提供的各种公司章程(网址:http://www.sec.gov/edgar/searchedgar/companysearch.html)。

这股 IPO 潮流的巅峰是在 2000 年 3 月份，当时纳斯达克指数冲高 5 000 点。在触顶之后的短短几个月时间里，纳斯达克指数下跌了几乎 70%，并且在 5 000 点下方保持了将近 15 年。在互联网泡沫破灭期间，许许多多的公司消失了，诸如安然诈骗案这样的相关商业丑闻露出了真相。为了约束计划上市筹资的公司的行为，以及防止募股公司的投资银行的严重失实陈述，避免金融分析师们面临极端的利益冲突，政府实施了一系列的金融改革。2002 年的《萨班斯—奥克斯利法案》尤为重要，它为公司董事会、会计师以及金融分析师制定了更为严格的准则，并且要求公司高管亲自保证公司财务数据披露的真实性。

部分是由于这些改革，因此 IPO 的数量再也没有恢复到 20 世纪 90 年代的水平。但是，外部观察者依然着迷于 IPO，他们将 IPO 视作美国商业保持良好健康状态的标志。迄今为止，创业公司的计划几乎无一例外地包括一个"退出策略"，即把股票抛给那些毫无防备的股民。

21 世纪的 IPO

2000 年以后，IPO 的数量急剧地下降，并且它们再也没有恢复以往的魅力（见下图 8.1）。在 2000 年以来的 14 个年头里，美国大约有 1 600 家公司进行了 IPO，其中的许多公司都不是新公司，而是一些原本已经破产的公司（如西北航空公司、通用汽车公司）、退市了的公司（比如达美乐比萨公司、塞拉尼斯公司），或者正在分立的公司。

评论家们提出了许多导致 IPO 不景气的原因，其中"过度监管"是最突出的原因之一。马克·安德利森——网景公司的创立者，他在 1995 年初次进入市场便打响了互联网竞赛的发令枪。2000 年之后他曾说道：

> 一整套"亡羊补牢"之类的事情发生了，如《萨班斯—奥克斯利法案》出台了。具有讽刺意味的是，《萨班斯—奥克斯利法案》原本是为了预防出现更多的安然公司和世界电讯公司而制定的，然而，其结果却给一些小公司带来了巨大的税收负担……对于一家公司来说，政府关于合规和信息报告方面的要求对它构成了巨大的负担，它需要几套律师和会

计师的人马，而他们进驻公司一干就是几年时间。《萨班斯—奥克斯利法案》的理念是这样的：如果你精细地控制着每一个环节，则任何事情都不会出错。这是一种奇特的、官僚主义的、从上到下的心理：如果人们能使每一件事情都可以预测，则万事都将是神奇的和美妙的。但是，该法案的效果恰恰与其初衷相反，它对那些规模足够大、能雇得起许多律师和会计师的公司非常有利，而对那些非常年轻、依然有很多变数的公司非常不利。①

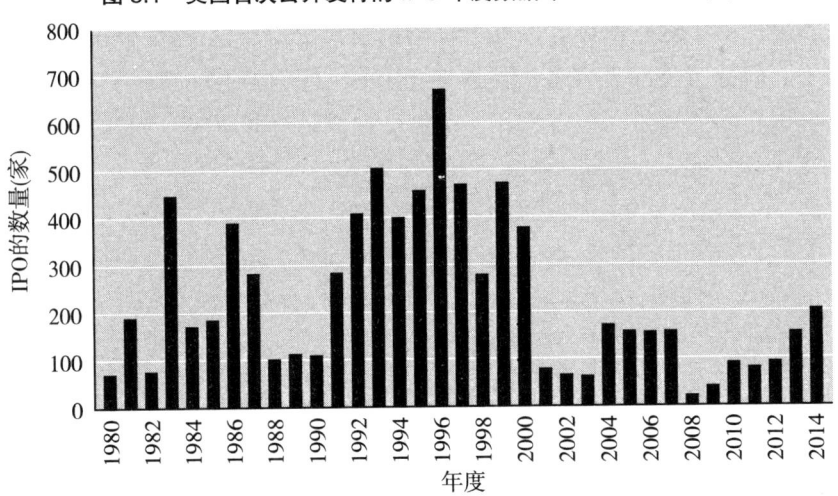

图 8.1 美国首次公开发行的 IPO 年度数据（1980—2014 年）

数据来源：引自佛罗里达大学的杰伊·里特教授，网址：http://site.warrington.ufl.edu/ritter/ipo-data/。

安德利森——如今是一名风险投资人——还指出，市场的构成已经从个人投资者和共同基金转向了对冲基金、卖空者以及其他的短期交易者，他们非常了解自己投资的公司的股价波动情况。这可能使市场变得更不稳定，从而更不利于新的公司。"对于新公司，一切都相互关联：股票价格、雇员的士气、招聘新雇员的能力、签署消费合同的能力、筹集债务融资的能力，以及对付监管机构的能力。公司的每一个部分都被连在一起，反过来又都与股价

---

① 请参阅：蒂莫西·李，"马克·安德里森解释 IPO 正在消亡的原因"，《声音》，2014 年 6 月 26 日，网址是：http://www.vox.com/2014/6/26/5837638/the-ipo-is-dying-marc-andreessen-explains-why。

相关联。"而股价有可能因短期投资者的投机而遭受重大损失。他的结论是："上述情况的结果是 IPO 的有效死亡。"更确切地说，至少对于小公司来说是这种结果。

对于某些人来说，将经济灾难的原因归咎于监管是一种反射反应，但是，IPO 数量不足的另一个原因是公司干脆不需要这种资金。大家以前对这个原因关注得比较少。如前面在第 7 章中所述，现在开办一家公司的费用已经变得越来越低廉了。这就不足为奇为何风险投资人要指责监管，因为创办公司的其他方式构成了对这一行业的现实威胁。对于这种可以廉价创办公司的新制度，一位风险投资人指出了其含义：

> 在过去 50 年的模式中，像我们这样的人是大机构和创业者的资金看管人，但是在投资初创公司的资金中，这种模式所占的比重无论如何会下降……风险投资公司可以从投资自身的资本开始，而不必筹集投资现金，剩下的资金可以通过众筹的方式解决。风险投资公司将会是交通指挥员而不是看门人……我们现在看到的情形无非是商业模式的转换——从等级结构到网络结构的转换。①

如果监管让上市代价高昂，如果短期交易商让上市充满风险，如果低成本进入让上市变得多余，那么公司为何还要进行 IPO 呢？这不是一个无聊的问题。一家公司的 IPO 计划书包含了必不可少的一节——"资金的使用"。我们来看看脸谱公司是如何表述资金的使用方式的：

> 我们进行 IPO 的首要目的是为我们的 A 级普通股创建一个公开市场，从而使我们和我们的雇员能够进入公开股票市场并获得额外的资本，以帮助出售股票的股东们进行股票的有序分配。**我们计划将得到的 IPO 净收入用于营运资本和其他公司宗旨，但具体用于哪些方面，我们暂时还没有确定……**
>
> **目前而言，我们有将这些 IPO 净收入投资于有息证券的打算，例如，**

---

① 请参阅：海勒，"备受关注的海湾"，网址是：http://www.newyorker.com/magazine/2013/10/14/bay-watched。

货币市场基金、存款证、直接或有担保的美国政府债务，或者持有现金。我们无法预测这些投资出去的资金能否带来良好的收益，但是关于如何使用这些从 IPO 中获得的资金，我们的管理团队将对此进行广泛的论证，而投资者也将依赖我们管理团队的判断。①

换言之，我们正在通过出售股份来创造建一个销售我们股份的市场。我们没有使用我们所筹集的资金，直到我们有了资金使用的好主意之前，我们会把这些资金存入银行，相信我们。还有，我们可能会进行某些收购活动。

上述并不是脸谱公司所独有的现象。当然，在如何使用资金方面，一些公司都有很好的理由想要保持模糊状态，但是公司股票的购买者也同样有很好的理由，要求得到更多关于他们资金去向的信息。

公司上市的两大最明显的理由是：为了让早期投资者获利，以及为了给那些拥有职工股的雇员一个套现的机会。尽管这可能是公司出售股份的好理由，但它几乎不是买股票的好理由。有各类糟糕的投资，它们以如下理由为基础：后来的投资者偿清早期投资者的资金（例如伯纳德·马多夫）。

公开上市的第三个理由是为了能够利用公司的股份去做企业收购。众所周知，脸谱公司以 190 亿美元的价格收购了 WhatsApp———一款用于发送即时消息的手机应用程序，尽管有人发现 WhatsApp 与其他大多数即时通信应用程序之间几乎没有差别。要不是上市公司，这样的收购原本会困难得多。谷歌、脸谱以及亚马逊公司常常通过收购的方式来实现其向各种无关的产业扩张的目的（虚拟现实眼镜、自动驾驶汽车、智能手机），它们似乎正在追随 20 世纪 60 年代大型联合企业的同样的足迹，成为具有庞大费用的共同基金。

公司上市的第四大理由是募股收入将被用于招募真正聪明的人，这些人将来会提出非常有利可图的想法。这类似于一家创办于 1720 年南海泡沫期间的公司的使命："公司从事的事业具有巨大的优势，但是无人知道具体是什么事业。"

在一个充斥着想寻求出路的投资资本的世界里，公司上市的原因是不难理解的，但难以理解的是投资者为何愿意将他们的钱交给这样的公司。

---

① 脸谱公司的 IPO 招股说明书可以从美国证券交易委员会的 EDGAR 上获取：http://www.sec.gov/Archives/edgar/data/1326801/000119312512034517/d287954ds1.htm。

IPO 与公司治理的终结

2000 年以来的 IPO 枯竭状态常常被归咎于监管措施的实施，这些监管措施旨在通过加强"公司治理"来控制不计后果的公司行为。对公司进行治理是指对所有影响公司决策方式和公司责任感的因素进行监管，比如，董事会成员的构成及其组织形式，股东通过年度选举和行动主义影响公司决策的方式，会计师、银行家、金融分析师以及其他守护者的行为，股票市场本身以及它对股票进行定价的方式，允许外部企业接管内部管理层失灵的公司的"公司控制权市场"。[①]

关于"好"的公司治理所应该包括的内容有一些公认的确定性准则。"好"在这里通常意味着"善于确保公司去做最有利于公司及其股东长远利益的事情"。一些基本因素包括：拥有一个主要由外部董事构成的独立于管理层之外的比较合格的董事会；在一个具有较高法律标准的州注册成立；雇用声誉良好的会计师事务所来审计公司的账簿；避免采用保护公司免受外界监督的措施（比如收购防御措施）。一个基本原理是，上市公司的控制应该是"可竞争的"，即管理层和董事会的决策不能不接受外界监督（例如，来自激进主义股东和潜在收购者的监督）。

但是，一些 IPO 公司最近这些年常常违背一条最基本的公司治理原则：为了使投票权与股东在公司里的投资额相对应，每股应该享有对等的投票权。然而，"不平等的投票权"或"双级资本化"的问题由来已久，许多家喻户晓的名人拥有多级股票，而这些股票将投票权给了公司的创办者及其家族，以确保他们对公司的控制权。例如，菲利普·奈特控制着耐克公司巨量有投票权的股份，并且有权指定董事会成员。

这种治理结构在报业最为普遍，例如，《纽约时报》公司、《华尔街日报》公司、美国新闻集团以及许多其他公司，都以超级投票级股票的方式来确保它们的创办人拥有有效的控制权。这种做法的理论依据冠冕堂皇：为了使报刊履行它在民主国家的基本功能，报刊不能承受过度的商业压力。如果《纽约时报》公司没有挣到足够的利润，或者通过它的报道疏远了一家大型广告

---

① 请参阅：杰拉尔德·F. 戴维斯，"公司治理的新方向"，《社会学评论年刊》（2005 年）第 31 卷，第 143 ~ 162 页。

公司，那么激进主义的对冲基金并不能迫使它仅仅为了金钱而出卖它的原则。研究表明，这样的治理结构可能降低股东们的收益率，然而投资者对此的认知却很模糊。如果你正在投资于一家报纸，那么你就必须接受它可能不会始终追求利润最大化的风险。

2004年，谷歌公司上市，它给了它的创始人每股10票的表决权，而股东们仅仅得到每股一票的表决权。谷歌公司的招股说明书是这样表述的：

> 所以，在可以预见的将来，对于公司的管理和事务，对于所有需要股东们批准的事情，包括董事的选举和诸如企业合并、公司或公司资产出售之类的重大交易事项，拉里、谢尔盖以及埃里克都将拥有重大的影响力。此外，由于这种双级结构，公司的创始人、董事、高管以及雇员都将能够持续地控制所有提交给股东表决的事项，即使他们所持有的股份不到发行在外的全部股份的50%也如此。这种集中控制权将限制股东影响公司事务的能力，进而公司可能采取在股东们看来是不利的行动。这样做的结果是，公司的A级普通股的市场价格就会受到不利因素的影响。①

总之，如果谷歌公司的创始人决定将该公司卖给中国政府，并且提出一定的要求作为交换条件，那么他们就可以这么做。而一些外部股东并没有什么异议，他们同意进行这项交易，并且到目前为止他们并没有感到太大的失望（尽管2014年有一项股东提议试图将现状改成结果可预测的一股一票制）。当然，谷歌公司可能合乎逻辑地采用《纽约时报》的先例。不过，尽管谷歌公司有它的座右铭，但是要是对冲基金想让谷歌公司成为魔鬼，那又该怎么办呢？

自从2008年市场崩溃以来，空前数量的IPO公司给了它们的创始人和其他内部人确保其永久控制权的投票权——这通常使股东们的收益率降低。一项研究发现，从2010年1月到2012年3月，10%以上的IPO公司具有双级投票结构，这种结构给了这些公司的创立者超级投票权（被称作"扎克伯格控制力"）。这些公司包括领英（每股10票）、Zillow（每股10票）、Yelp（每

---

① 谷歌公司的招股说明书来自如下网站：http://www.sec.gov/Archives/edgar/data/1288776/000119312504073639/ds1.htm。

股 10 票)、星佳(B 级股每股 7 票,C 级股每股 70 票)以及 Groupon(给予其创立者惊人的每股 150 票)。① 换言之,这些公司的创立者不但没有受到其股东的胁迫,反而使其实际上拥有保持其无可争辩的永久控制权。尽管谷歌公司可能具有貌似合理的第一修正案诉讼,但很难理解一家在线票证销售商或电子游戏生产商能够证明其有必要采取这样的投票结构。

脸谱公司因其独特的治理结构再一次引人注目。它的 B 级股票享受每股 10 票投票的权,而这其中的三分之二由马克·扎克伯格持有,这给了他一个人 50% 的公司总投票权。公司的招股说明书是这样写的:

> 根据上市公司的公司治理规则,我们具备"受控公司"的资格,我们不需要保证半数以上的董事会成员成为独立董事,我们也不需要设立薪酬委员会或独立的提名机构。根据我们受控公司的身份,我们的董事会决定不设立独立的提名机构,而是选择由整个董事会直接负责提名我们的董事会成员,我们将来可能选择让半数以上的董事会成员成为非独立董事,或者选择不设立薪酬委员会。②

2012 年,脸谱公司上市,它设立了针对外部股东的防御性措施,将专断权给了一位 28 岁的年轻人。为此,它的股价在第一个交易日下跌了一半,不过这或许并不奇怪。令人奇怪的倒是,它不但复苏了,而且还显示了可观的回报。2014 年,公司的总收入仅仅 125 亿美元,但是只要首席执行官愿意,公司就能够完成几百亿美元的收购。

在互联网泡沫破灭 15 年之后,由于实施了全部公司治理改革的措施,因此一些最知名的高科技创业公司放弃了对股东的基本保护。对于谷歌、脸谱、Zynga、Groupon 以及其他公司来说,它们可能有意成为善意的独裁机构,它们富有远见的创始人要保护公司的重要使命免受短期股东行为的干扰。马

---

① 杰伊·里特搜集了具有双重投票股份的上市公司的数据,参见网址:https://site.warrington.ufl.edu/ritter/files/2015/06/dual-class-ipo.pdf。此处提到的这些公司的详细情况来自它们的招股说明书和股东委托书,这可以从美国证券交易委员会的 EDGAR 数据库中获得这些信息:https://www.sec.gov/edgar/searchedgar/companysearch.html。

② 脸谱公司的招股说明书,可以从此网站获取:http://www.sec.gov/Archives/edgar/data/1326801/000119312512034517/d287954ds1.htm。

克·扎克伯格也许是互联网行业的李光耀。但是，有打赌者预期到下一次的泡沫破裂之时，他们可能将此视为做空的好机会。

令人失望的职位创造：2000 年以来的 IPO 公司

人们对 IPO 市场衰落有巨大的忧虑，即担心潜在的高增长公司将不能筹集到用来建造其设施和雇用人员的资本。没有 IPO 就没有工作职位。2012 年的《就业法案》是以如下想法为前提的：对于创造工作职位的新公司来说，进入股票公开市场是至关重要的。总收入低于 10 亿美元的公司将被界定为"新兴的增长型公司"，并会被免除《萨班斯—奥克斯利法案》的某些要求，从而使得它们更容易通过众筹来筹集资本（例如，通过使用互联网）。正如我们已经看到的那样，人们有理由怀疑进入资本市场是否会导致美国经济衰退，进而使一些新公司无法新增许多工作职位。虽然一些顶级的科技公司的估值高达数十亿美元，但是它们的雇员却是少之又少。

那么，公司上市之后是否能创造一些新的工作职位？为了回答这个问题，我利用沃顿研究数据服务公司的数据，为每一家 2001 年之后上市的美国公司搜集了年度就业数据。不幸的是，回答这个问题可能并没有你猜测得那么简单。一个方法是测算直接就业。美国上市公司每年必须通过证券交易委员会的 10-K 表报告其全球员工规模。我研究了每一家公司的数据，从它们上市之后开始报告数据的第一年到最后一年（通常是 2014 年），计算两者之间的差额，以此代表所创造的工作职位数量。①

这组公司大约有 1 600 家，样本期限为 14 年，级别处于中位的 IPO 公司的工作职位增加了 51 个。更为重要的是，到底有多少公司在上市之后工作职位缩减了？KBR 是一家从哈里伯顿公司剥离出来的工程公司，它的报告显示，2006 年（其 IPO 的年份）它有 56 000 名雇员，而 2014 年它仅有 25 000 名雇员，减少了 31 000 名。在 2 000 年，联合汽车金融公司（原先叫 GMAC）有 28 000 名雇员，但是在它破产重组并重新上市之后的 2014 年，仅有 7 000

---

① 本节的数据来自由沃顿研究数据服务公司维护的 Compustat 数据库（https://wrds-web.wharton.upenn.edu/wrds/）和公司年度 10-K 表档案，后者来自美国证券交易委员会 ED GAR 数据库（https://www.sec.gov/edgar/searchedgar/companysearch.html）。

名雇员。阿姆斯壮世界工业公司的雇员从14 500名缩减到IPO之后的7 400名，毕博咨询公司的雇员从10 000名缩减到2 500名。诸如此类，不一而足。

在另一个极端，有少数公司见证了员工数量的大量增加，但是，仔细审视常常使你发现，这种增加代表的是企业收购而不是工作职位的创造，并且许多创造出来的工作职位是兼职或季节性或低工资的职位。工作职位增长率最高的公司有如下7家（以下顺序从高到低排列）：

第一，布鲁克代尔养老公司。2005年上市，其工作职位的数量从2005年的16 000个增加到2014年的82 000个（其中，52 500个是全职工作，另29 500个是兼职工作）。但是，这一成果几乎是通过在零散的养老行业进行滚动式收购而实现的。

第二，联强国际公司。其工作职位数量从之前的1 664个跃升到后来的64 000个。但是，这些工作职位绝大部分来自2013年对IBM全球业务流程外包单元的收购。这与其说是工作职位的创造，还不如说是工作职位的转移。

第三，游戏驿站公司。一家商业街电子游戏零售商，它在世界各地经营着6 700家门店，每家店"平均雇用1名经理、1名助理经理以及6~10名销售助理，其中许多是兼职雇员……我们在世界各地大约有18 000名支领薪俸和领取计时工资的全职雇员，还有29 000到55 000名领取计时工资的兼职雇员，后者的具体数量取决于年中的具体情况"。

第四，谷歌公司。通过良性增长和企业收购，其雇员的数量从2004年IPO时的3 000名增加到2014年的53 000名。

第五，奇波雷墨西哥烧烤公司。其雇员数量从之前的13 000名增加到53 000名，"包括大约4 590名支领薪俸的雇员和大约48 500名领取计时工资的雇员"。

第六，世邦魏理仕集团。一家商业不动产控股公司，它的雇员数量从之前的13 500名增加到后来的52 000名——同样是通过在条块型产业中进行滚动式收购来实现的。

第七，得克萨斯牛排馆。一家连锁餐饮公司，其雇员数量从之前的9 700名增加到后来的43 300名，其中许多是兼职雇员。

21世纪排名前十的IPO公司为美国新增全职工作数量相当有限，比如，通用汽车公司的雇员数量在1942年和1943年总共只增加了150 000名，而整个美国因经济增长拉动，仅仅在2015年1月份就创造了257 000个工作职位。不管这些工作职位来自哪里，有一点是可以肯定的，它们都不是由IPO所驱动的。不过，虽然由IPO公司所创造的工作职位常常是兼职工作，类似和餐饮业的低工资职位，但谷歌公司却是一个显著的例外。自IPO以来，谷歌公司的工作职位以平均每年5 000个的速率在增加，谷歌公司的闪亮表现在高科技部门几乎是独一无二的。

有些证据显示，《就业法案》使得IPO的数量稍微有所增加。根据一项研究估计，在《就业法案》出台之后，上市公司的数量与原来的估计相比每年增加了21家，其中许多是生物技术公司（标准产业分类代码是2836），它们受益于《就业法案》的信息披露要求较少。但是，2000年以后上市的处于中位段的生物技术公司，在2013年总共仅有49名雇员，而全部100家这类公司一共也只有不到8 000名雇员①（特别地，其中90%以上的公司没有利润）。在可以预见的将来，生物技术公司的IPO将不会带来迅速上升的就业量、营业收入和利润。

IPO还有可能不利于创新。根据斯坦福大学沙伊·伯恩斯坦的一项研究，相对于那些申请了IPO但随后又撤回申请的公司，成功上市的公司在IPO之后即会面临专利质量下降、富有革新精神的雇员减少、留在公司里的雇员的生产率下降的问题。②

在美国，股票市场与工作职位的创造在很大程度上并没有关系，让上市变得更加容易未必能使事情得到改变。IPO不再提供有关实体经济健康状况的大量信息，特别是涉及就业方面的信息。

现在是IPO大灾变的时候？

政策制定者和专家学者曾经确信，企业家精神能够创立带来工作职位的

---

① 这些数据基于我对Compustat数据和IPO公司的10-K文件的分析。
② 请参阅：沙伊·伯恩斯坦，"上市是否影响创新？"《金融学杂志》第70卷，第4期，第1365～1403页（斯坦福大学商业研究生院，网址是：https://www.gsb.stanford.edu/faculty-research/publications/does-going-public-affect-innovation）。

企业。他们的信条是，如果释放企业家的活力并向他们提供金融资本，则企业家将受到激励并且有能力创立企业，以代替过去的柯达公司和西屋电气公司。但是，这种基于信仰的经济政策根植于已经过时的经济运行观点。如今，由投资者所操纵的企业家会尽量避免购买设备和雇用员工，因为那样做会套住他们。上市不但是不必要的，有时甚至是危险的；那些着手上市的公司常常对其股东做好了充分的防备。许多上市公司并不需要其所筹集到的资金，或者它们将这些资金用于公司收购而不是用于产能建设。它们在这方面学习那些成名的公司，后者利用大量或大部分的利润去回购它们的股票而不是投资于新的工程或商店。

在我写作这本书的时候，IPO 经历了一个温和的复苏。但是，由于大多数上市公司没有利润并且几乎不创造就业岗位，因此这种复苏给美国经济带来的影响还不明朗。此外，那些最著名的技术公司的治理实践告诉我们，市场最终将变得不利于它们。

第三篇

股份公司衰败的后果

二战后的美国股份公司创建了一种社会福利制度，在这种制度中，公司雇主而不是政府为其雇员提供健康保险和退休保障。从20世纪80年代初开始，401（k）计划取代了传统的固定收益养老金，许多公司抛弃了那些责任，如今那些最大的公司（几乎全都属于零售业）仅仅提供最小限度的福利。此外，上市公司的减少意味着为退休而储蓄的人可以选择的国内投资方式更少了。在未来几十年中，由于股份公司数量的下降，退休者将面临高度不确定的将来。

战后大型股份公司数量的增加对应着美国社会不平等程度的大幅度下降。股份公司使全国的薪酬制度均等化并为公司雇员提供了职业发展阶梯，这种阶梯使个人能够迁入中产阶层。公司耐克化现象和零售业对制造业的替代已经导致劳动力市场两极分化。随着就业变得分散化，不平等程度在上升。

由于不平等程度的上升，人们由低阶层通往中上阶层的机会变得越来越少了。在战后初期，通向个人成功的道路非常简单：（1）努力学习，尽你所能地进入一所最具声誉的大学；（2）专修某种实用的专业，比如工程和计算机专业；（3）在有增长潜力产业中的著名股份公司中获得一份工作；（4）如果你的雇主没有慷慨的养老金计划，那么把你的退休储蓄投入一个分散化的共同基金中也可以；（5）舒舒服服地隐居到伯克莱屯的公寓里。当然，如果没有稳定的股份公司雇主，那么这种制度就会垮掉，雇员向中上阶层流动的道路就会不可预料。如今，我们生活在强力球彩票经济当中，在这种经济中，少数人实际上由于随机的原因而大发横财，比方说，在正确的时间里买卖佛罗里达的房子，或者在iPhone成为畅销产品之前的头几个月里写出一款足够好的应用程序。然而，我们大部分人却举步维艰，期待奇迹的发生。

对消失中的上市公司的怀旧可能有点不合时宜。一个多世纪以来，"corporate"是一个修饰语，进步人士和其他人士哀叹上市公司导致的经济势力的集中。最近的批评者描述了人们对股东价值的狂热关注如何使整个国家的经济更容易陷入恶性商业循环当中。股份公司的衰落所带来的预期利益包括：华尔街影响力的潜在下降；随着新的组织形式的出现会带来经济更加多样化；脱离了 IPO 的狭路的创业新形式；为其他更因地制宜、更标新立异的经济模式（例如合作社）提供开放性的发展空间。我们也许将会看到，通过多种多样的地方性倡议，某种更像热带雨林的经济模式将会浮现于世，以取代 20 世纪的"红木森林经济"。

第 9 章　消失中的社会保障网

第二次世界大战结束以后，美国的一些股份公司和其雇员达成了一项协议，即股份公司为雇员及其家庭提供一个保障网。大型股份公司标准的就业协议包括雇员及其家属的健康保险和有担保的退休金支出。该制度为那些期望永续经营的公司和整个职业生涯不换公司的雇员而准备。在二战之后的头几十年，这种制度也许有一定的合理性，但是随着大型股份公司经历了一段漫长的数量增加时期之后，该制度中的压力因素在 20 世纪 80 年代即开始出现，股份公司要付出很大的代价来履行它们的承诺，而雇员也并不想一辈子都不换公司和工作。

从 20 世纪 80 年代初开始，许多公司就开始停止它们传统的福利制度了。大公司转向"固定缴款"的养老金计划，简化它们的健康福利项目，特别是退休职工的健康福利项目。因此，如今大多数临近退休的雇员其储蓄还远远不够，最终将不得不几乎完全依靠社会保障制度和联邦医疗保险制度。而与此同时，当今的一些顶级公司（几乎都是零售业巨头）提供的福利也非常有限，许多新公司也计划将它们的雇员数量控制得尽可能少，代之以临时合同雇员，他们没有各种福利待遇。

在战后年代，美国创建了以股份公司为中心的社会福利制度，这不同于任何其他发达经济体。然而，随着传统股份公司的紧缩开支，我们见证了那种制度的崩溃。

保护我的人

每一个社会都面临着这样一个问题：当我们生病的时候，或者当我们不能工作的时候，或者当我们变老的时候，谁来照顾我们？在农业社会中，可能是由大家庭的成员或村庄里的人来照顾你。中世纪的封建制度在地主及其依附者之间确立了相互的义务制度，然而城市化的工业社会却中断了那些传统的纽带，导致社会福利的提供常常需要依靠互助组织（比如英国的互济会）来提供。当然，如果医疗保健技术相对较低，并且人们退休后存活的时间较短，那么，社会福利根本不需要花费巨大的代价。但是，随着医疗保健技术变得更好、更贵，随着人们预期寿命的增加，社会福利提供的成本也急剧增加。

第二次世界大战之后，许多欧洲国家进一步完善了它们的福利国家政策，民众有了医疗保健和收入保障的权利。英国的《贝弗里奇报告》写于第二次世界大战的白热化时期，其正式的名字是《关于社会保险及相关服务的报告》，它为战后行将出现的福利国家设计了具有广泛影响的蓝图。[1] 该报告指出了一个社会所面临的五大灾祸——"欲望、疾病、无知、贫困和懒散"，并描绘了解决这些灾祸的办法以及战后重建的愿景。新的福利国家政策将包括为民众提供医学治疗的国民医疗服务体系（建于1948年）和提供终身社会保障的国家保险计划范围的扩大。在经历了那场战争的破坏之后，尽管经济状况极其糟糕，但是这种新的体系却非常盛行，它甚至被广泛认为是理所当然的事情。类似的计划在战后数年里扩散至整个欧洲，尽管各国的计划具有不同的细节，但是大家普遍认为由政府来履行那些职责是最有效率的。

不过，美国却彻底走向了另一个方向：社会福利服务由雇主——多半是股份公司——而非政府来提供。由慈善的公司向其雇员提供社会服务的观念并不新颖。像伊利诺伊州普尔曼——19世纪下半叶的有轨车厢制造基地——这样的公司城向其雇员提供全套的福利，即使在大萧条时期，许多像柯达公司那样的反工会公司也提供了广泛的雇员福利。[2] 在二战期间，那些因法律约束而未能提高工资的公司试图用医疗保健这样的非工资福利来吸引工人。

因此，西欧将战后重建视为建立公民和政府间的新社会契约的时机，与

---

[1] 威廉·贝弗里奇爵士写于1942年11月26日的报告原件可以从社会主义卫生协会的网站上获得：http://www.sochealth.co.uk/national-health-service/public-health-and-wellbeing/beveridge-report/。

[2] 请参阅：桑福德·雅可比，《现代庄园：新政以来的福利资本主义》（新泽西，普林斯顿：普林斯顿大学出版社，1997年）。

此同时，美国却抵制政府服务的扩张，甚至曾经支持扩大社会保障的工会也在强大的政治阻力面前退却了。

新制度的标志性事件是《底特律条约》，一项由通用汽车公司和汽车工人联合会签署于1950年的协议（见本书第4章）。该协议将那些通常仅适用于管理层人员的福利种类延伸到广大蓝领工人身上：退休金计划和健康保险的保障范围最终涵盖退休工人，以及根据生活成本调整他们的工资。后来的协议包括被解雇的工人的补充性失业津贴，以及被抚养者也接受健康保险的保护。通过模式谈判（pattern bargaining），《底特律条约》迅速地扩散到其他汽车公司，然后又扩散到钢铁公司，以及更多的"主要雇主"。在短短数年之内，公司实际上成了美国版的福利国家。[1]

从当代的视角来看，该制度即便不是完全疯狂，也是看起来是颇为奇怪的。工作职位不断变动，人们持续地更换工作。究竟为什么要将健康保险和退休收入的获得跟养家糊口者当前所工作的公司联系起来呢？沃尔玛目前是美国最大的公司，其年度人员变动率高达50%，每年有一半以上的员工更换工作。像某些员工更换工作那样更换健康保险和养老金计划，这怎么可能讲得通呢？对于永续经营的大型公司来说，它们能够承担这种计划的运营费用，如果我们设想这些典型的工作职位属于这些公司，那么整个事情看起来才是符合情理的。

为何股份公司应该提供福利？

从经济的视角来看，人们也许会问：为何公司要为其员工提供任何福利？为何不能干脆支付现金并让员工来决定这笔钱是用在健康保险和退休储蓄上，还是用来购买大房子或者去牙买加旅游？如果养老金和健康保险成为美国企业界标准就业计划的一部分，那就必然存在良好的经济根据，否则聪明的雇主就会撤掉这些福利并战胜那些更慈善的竞争者。

一种解释是，雇员在公司工作年限较长会使双方都获益。如果雇员学习

---

[1] 请参阅：亚当·柯布，"从《底特律条约》到'401（K）计划'：美国个人退休计划的发展和演变"（未发表的博士学位论文，密歇根大学，2012年）；弗兰克·列维和彼得·特明，《20世纪美国的不平等及其制度》（麻省理工学院经济系，2007年）。

到的技能对于特定的雇主特别有用,但对于其他雇主不是太有价值(专业术语叫作"企业专用的人力资本"),那么,对他们的关系进行保护是有道理的。① 如果承诺给予公司雇员日益慷慨的养老金,这是鼓励他们终其整个职业生涯为同一家公司工作,而不做其他会缩短他们职业生涯的工作。但是,如果专用技能解释了为何公司要为其雇员提供各种福利,那么,为何公司不按技能专用化程度向不同的雇员提供完全不同的福利套餐呢?为何诸如通用汽车公司这样的汽车制造商要向它们的生产员工提供如此优厚的福利呢?这些公司毕竟已经花费了几十年的时间对其流水线做了改进,其任何工作职位都已变得尽可能地无须特别技能以及可以轻易地被替代。为退休员工提供养老金和健康保险的经济目的是什么?

最简单的答案也许是:那是一个历史的偶然事件。1949 年,通用汽车公司经历了任何美国股份公司从未遇到过的最赚钱的年景。它可以说是世界上最大、最成功的制造商,面对的是强大而不好对付的工会。它支付得起更慷慨的养老金和健康保险费用,但是它不能承受像 1945—1946 年那样的罢工再次发生。沃顿商学院的亚当·柯布教授发现,《底特律条约》的谈判是美国劳工史上最棘手的事件,经济、政治和人性等三方面在谈判中发生了碰撞,最后产生了一个成为战后就业关系大宪章的文件。通用汽车公司的就业探索为行业里的其他公司树立了一个范例。

此外,那些政策一旦得以实施,将来谈判的可能性就提高了。在任何一场工资谈判中,用将来的利益(比如更慷慨的养老金计划、更全面的退休健康保险)换取当前的工资也许更有意义。这样的福利将在别人的监督之下支付,为什么不慷慨大方呢?

账单到期的时候

开销不可能永远推迟支付。在 21 世纪初,无论对于美国的大型股份公司还是地方政府来说,成为一个仁慈的雇主的代价已经显而易见。2006 年 3

---

① 这种论点的经典陈述来自奥利弗·E.威廉森、迈克尔·L.沃奇特以及杰弗里·E.哈里斯,"理解就业关系:特质交易的分析",《贝尔经济学杂志》,1975 年,第 6 卷,第 250～278 页。

月，通用汽车公司的首席执行官里克·瓦格纳声明："我们在养老金和健康保险上的遗留成本是我们重要的竞争劣势领域……我们如今面临着全球性的竞争。我们遭遇的是那些没有这种成本的人们，因为他们获得了政府所提供的资金。"① 该公司的首席执行官几乎一手创立了美国公司的福利制度，如今他后悔该制度将公司置于竞争劣势之中。坦率地说，在强大的福利国家经营企业的成本要低得多，社会主义竟然有利于企业。

涉及的金额并非微不足道。据估计，从 20 世纪 90 年代初到 21 世纪的头 7 年，通用汽车公司用于退休员工健康保险的费用已经由每人每年的几百美元上升到 15 000 美元，而且隐约可见成本将在遥远的未来出现更大幅度的上升。于是，通用汽车公司于 2008 年 7 月写信给它的受薪退休员工及其健在的配偶：

> 从今年的第一天开始，美国市场和经济环境已经明显地变得更加困难了。这些状况加上汽车行业销售结构的迅速变化，要求我们采取进一步的行动，这些行动将确保通用汽车公司持续地赢利和增长。因此，通用汽车公司宣布改变通用汽车受薪医疗保健计划。从 2009 年 1 月 1 日起，通用汽车公司将取消（65 岁及其以上的）受薪退休员工及其家属的医疗保健享受资格。作为补偿方案，合格的受薪退休员工及其 65 岁以上的健在配偶每月将获得 300 美元的额外退休金。设计这笔额外退休金的目的是帮助你抵消一部分退休健康保险费的损失。②

2009 年 6 月 1 日，通用汽车公司申请破产（2013 年 7 月 1 日，底特律市也随之破产，该市自身也存在养老金的麻烦事）。

---

① 请参阅：大卫·维塞尔、艾伦·E. 舒尔茨以及劳里·麦金利，"通用汽车公司消减养老金的决定加速了广泛的公司转变：福利控制措施追随其他公司的工人保障之路"，《华尔街日报》，2006 年 2 月 8 日，http://www.wsj.com/articles/SB113936666969167992。

② 请参阅：瓦内萨·福尔曼和西奥·弗兰西斯，"退休员工福利遭受另一个打击：通用汽车公司计划中止 65 岁及其以上的退休员工的医疗保障，这预示着一个新的时代；养老金每月将增加 300 美元"，《华尔街日报》，2008 年 7 月 16 日，http://www.wsj.com/articles/SB121617237912356653；以及 "老妈被通用汽车公司给甩了"，2008 年 7 月 18 日，http://www.dailykos.com/story/2008/07/19/553738/-Mom-Gets-Thrown-Under-The-Bus-By-GM。

通过走自己的特殊道路，美国最终建立了以雇主为基础的健康保险融资制度，该制度与其他发达国家的健康保险制度相比，成本要高得多且覆盖范围要广得多。

《奥巴马医疗改革计划》的降临可能导致许多公司提供的医疗保险走向末路。在《美国平价医疗法案》通过之后，众多知名的公司迅速地采取措施，将它们的退休员工转移到医保交易所。《纽约时报》的内尔·欧文写道："根据标准普尔资本智商（一家为金融业服务的研究机构）的预测，到2020年，对于那些正在接受雇主提供医疗保险的美国雇员，其中大约有90%的人将被转移到政府的医保交易所，该交易所是根据《美国平价医疗法案》设立的。"[①]

另一方面，公司养老金制度处于漫长的转型期的末尾，这场转型是从20世纪80年代初开始的。传统的公司养老金计划是一种"固定福利"计划（DB），公司承诺，根据其雇员的服务年限，将在他们退休以后按月向他们支付一笔补助金，同时，为了应付上述支付，公司将拨出一笔专用资金，这笔资金通常由外部基金管理者来负责投资。根据雇员福利研究所提供的数据，在1979年，有将近40%的私营公司的雇员接受了这一计划的保障。它是标准就业协议篮子的核心要素。另外一种养老金计划是"固定缴款"计划，它比较常见地用在公司高管身上。该计划的名称提示我们，它的参加者不是获得有保障的支付，而是由参加者及/或其所在的公司缴纳一笔特定金额，然后投资于股票或其他投资工具，其收益率由市场来决定。1981年，美国国内税务局澄清了"401（k）计划"（其名称来自税法中涉及该计划的那一小节）的税收待遇，于是各公司于次年开始向其雇员提供这些计划——最初是作为一个补充，后来成了固定福利计划的替代方案。不同于固定福利计划，"401（k）计划"由雇员所有并且可以随雇员工作变动而迁移，如果雇员换工作了，那么他们可以带走这笔钱。"401（k）计划"通常由一个外部提供者（比如富达投资集团）来管理，因而迅速地受到诸多公司的欢迎。

---

① 请参阅：尼尔·欧文，"公司提供的医疗计划行将终结"，《纽约时报》，2014年5月1日，以及网址：http://www.nytimes.com/2014/05/01/upshot/employer-sponsored-health-insurance-may-be-on-the-way-out.html?abt=0002&abg=0。

根据雇员福利研究所提供的数据，"401（k）计划"几乎完全取代了传统的公司养老金计划，后者仅仅存在于传统产业的老雇员身上。"401（k）计划"的支持者认为，该计划既为公司带来了利益，也为公司的雇员提供了福利。雇员们不再跟单一的公司捆绑在一起，这给了他们视职业发展情况而更换工作的灵活性，而公司所承担的义务也变得更直接、更明确。但是，不客气地讲，"401（k）计划"已经成了一个悲惨的失败，它注定导致许多退休员工生活在贫困之中。特蕾莎·吉拉尔杜奇写道："2010 年，在接近退休年龄的美国人当中，有 75% 的人的退休账户的金额低于 30 000 美元，而几乎有一半（49%）的中产阶级员工在退休的时候将成为穷人或接近成为穷人，只能靠每天大约 5 美元的食品预算过日子。"①

事情怎么会如此呢？人们需要为了退休而储蓄足够的金额，这一点肯定人人都认识得到。但是，回想一下你第一天上班的情形，人力资源部的人递给你一大摞文件夹和需要填写的表格，其中有一份表格就是你的 401（k）登记表，该表给你一长溜毫无意义的选项（比如，好斗年龄的社会责任平衡基金）。你在公司工作了几年，然后离开那里去研究生院学习。凭着 401（k）账户里的钱去借款读书，毕业后你获得了另一份工作，这时你收到的表格上排列着几乎与上次找工作时同样模糊的 401（k）选项，你做了 1099 承包商，或者你与朋友合作新开了一家小公司，或者有一份比较自由的职业，或者在另一家公司工作，年轻人，上大学的资金……那份 401（k）表格到底有何变化呢？就跟几乎所有的人都一样，你不是一个财务规划专家，每当你的生活发生某种变化时，你并没有时间来研究和修改你的选项。

吉拉尔杜奇的结论是："401（k）计划/个人退休账户模式的问世已经长达 30 个年头。这种自己动手选项的养老金制度已经失败了。失败的原因在于，该制度期望毫无投资技术的个人能像职业投资者和基金管理者那样得到同样的结果。如果要你亲自拔牙或架设电线，你知道结果会是怎样吗？"

---

① 请参阅：特蕾莎·吉拉杜齐，"我们荒唐的退休保障方法"，《纽约时报》，2012 年 7 月 21 日，以 及 网址：http://www.nytimes.com/2012/07/22/opinion/sunday/our-ridiculous-appr oach-to-retirement.html?ref=opinion。

顶级公司雇主面貌的变化

在《底特律条约》签署之后，成为大型股份公司的代价就变得相当高。人们期望公司提供稳定的长期就业，雇员有晋升的空间和退休金，雇员及其家庭有健康保险。碰巧的是，美国经济保持了长期的增长势头，公司雇主总体上能够兑现那些承诺。在通用汽车公司、西屋电气公司、柯达公司以及伯利恒钢铁公司，就业也许不是什么激动人心的事情，但这些公司提供的职业有安全感并有各种福利。

如今的顶级公司雇主看起来完全不同于战后的公司全盛时期。1950 年，顶级的公司雇主包括美国电话电报公司、通用汽车公司、美国钢铁公司、通用电气公司、西尔斯公司、伯利恒钢铁公司、福特公司、克莱斯勒公司、标准石油公司（埃克森公司）以及西屋电气公司。这些卓越的大型制造公司和科技企业在更长的时间范围内获得了雇佣惯例的支持，后者包括良好的职业发展阶梯。2010 年，顶级的公司雇主包括沃尔玛公司、塔吉特公司、联合包裹公司、克罗格公司、西尔斯公司、美国电话电报控股公司、家得宝公司、沃尔格林公司、威瑞森公司以及超值公司。如今，美国 12 家顶级公司中的 9 家属于百货行业，该行业的工资和福利充其量也就是一般的水平，而且人员流动性大，但职业变更性却极其有限。仅沃尔玛一家公司的美国雇员数量就相当于一打顶级制造公司的美国雇员数量之和。[①] 沃尔玛商店的职业发展阶梯无非是一条踏凳而已，它们设计出来的福利套餐并不是用来鼓励员工与公司的终身依附关系的。

公司提供雇员福利的经济依据是：如果雇员因具有专用的技能而使得自身拥有特殊的价值，则维持长期雇佣关系对于公司和员工来说都是互利的。现在这种公司依然存在，例如，谷歌公司或者少数其他著名的科技公司也许就是这种类型，它们向全体员工提供丰厚的福利待遇。但是，在零售行业，技能是相对通用的，这从居高不下的年度人事变动率上可以反映出来。如果不到一天的时间就可以完成职位培训，则雇主没有什么理由去设立复杂的福利制度来留住雇员。

---

① 关于顶级公司雇主变化的细节请阅读戴维斯的《由市场来管理：金融是如何重塑美国的》一书。

提供雇员福利的另一种观点认为那是由劳工的势力造成的。正如持续的汽车、钢铁和铁路产业工人罢工所表明的，在紧随着战后的那个年代，产业工会正处于其势力的巅峰时期。但是，在零售业中，工会挣扎着扩大和维护其立足点，因为加入工会的私人劳动力的比例自 1950 年代以来已经持续地下降了。

20 世纪 90 年代的评论家将"职业的消亡"描述成我们讨论过的某些趋势的发端。职业已经发展成了工作职位，雇员们常常在企业之间流动，或者以独立承包商的身份从事工作。我们还从某些行业见证了另外一个转变：从工作职位（Jobs）转变成了工作任务（Tasks）。下面让我们来考察一下优步这个顺风车平台吧。截至 2014 年 12 月，优步在美国拥有大约 2 000 名雇员和多达 162 000 名的"司机合伙人"①（相比之下，通用汽车公司在北美的雇员数量则下降到了 120 000 名）。优步公司小心翼翼地明确规定，那些"司机合伙人"不是雇员（绝对不是！），而是独立的微型创业者。他们不是为优步工作，而是为自己工作，因而也无权享受雇员福利、加班工资、失业补助甚至最低工资。另外一个平台是亚马逊的土耳其机器人（MTurk），它向"Turker"们提供从事"人类智力任务（HITs）"并根据他们的投标获得计时报酬的机会。这个职业同样不是一份亚马逊的工作，亚马逊仅仅提供一个市场平台，这使得需要完成任务的人和愿意完成任务的主动工作者相匹配。

我们不难推想，任何没有被自动化掉或外包出去的任务，以及任何仅仅需要极少的专业训练的任务，都将遭受优步化并带来相应的后果。如果沃尔玛可以为那些用手机应用程序就可以天天招募到的小型创业者提供平台，那么它为何还要保留（有工作时间表、渴望各种福利的）雇员呢？归根结底，雇员期望一份固定的工资，而合伙人则可能愿意在逐日结算的基础上对任务进行相互竞价（在写作本书的时候，关于优步司机到底是雇员还是独立承包者的问题还没有定论）。

结　论

在第二次世界大战之后的那些年里，美国创立了一套独特的社会福利制

---

① 请参阅：乔纳森·V. 霍尔和阿兰·B. 克鲁格（2015），"美国优步公司'司机合伙人'的劳动市场分析"，2015 年 1 月 22 日，http://dataspace.princeton.edu/jspui/bitstream/88435/dsp010z70 8z67d/5/587.pdf。

度，员工依赖公司雇主来获得健康保险和退休收入。有人认为，这是一种不合时宜的家长式制度，它将造成员工对股份公司的依赖，就像在封建庄园里劳动的农奴依赖奴隶主一样。另外一些人则认为，发挥社会福利功能是政府而不是企业的职责。但是不管怎样，美国建立了一整套公司福利的生态系统，它最终影响到了健康保险业和金融服务业的发展。

回顾历史，该制度显然是不可持续的。股份公司承担着并不适合它们承担的责任，这些责任的经济代价随着时间的推移变得日益沉重。一家钢铁公司对健康保险知道什么呢？一家石油公司对退休规划了解吗？此外，该制度带来了超越公司本身并且具有广泛含义的动态变化。美国的医疗保障制度发展成了极其昂贵而低效的制度，这在很大程度上是因为该制度是由分散的公司雇主和保险公司提供资金的，而它们又受到误入歧途的税收制度的煽动。作为一个国家，我们目前正在努力寻求一种不太随意、成本较低的备选制度。我们的私人养老金制度——主要是个人管理的"401（k）计划"——已经成为一个彻底失败的制度，由于生育高峰期出生的人没有太多的储蓄，因此我们有理由预测他们将在很大程度上推迟退休。

与此同时，许多公司已经作出了反应，尽其所能地采取必要的措施，以免直接创造工作职位。做一个慈善的公司雇主，向雇员提供健康保险和养老金的代价是高昂的。战后年代顶级公司的标准就业福利篮子现在对于许多公司来说已经是无能为力了。尽管有少数公司（例如谷歌公司）为了与雇员之间建立起长期稳定的关系而向雇员提供过分慷慨的福利，但是这类公司的数量相对较少甚至罕见。另一方面，如今的顶级公司雇主往往来自工资低、福利极少以及人员流动率高的行业。某些新近的成功公司在很大程度上依赖于临时合同制员工（例如亚马逊公司），其他公司则试图完全避免对员工的雇用（如优步公司）。

是否存在一种能够同时提供社会福利和友好企业氛围的备选制度？丹麦提供了一种可能性。它的"弹性保障"制度的主要内容是：丰厚的社会福利待遇（由相当高的税收来提供资金）和鼓励创业活动的氛围（这使得公司设立容易，倒闭也相对不那么痛苦）。哥本哈根商学院的同行皮尔·赫尔·克里斯滕森指出，丹麦每年有 250 000 家公司业倒闭，然而同时又有 260 000

家新公司开业。① 由于公司不用为就业福利提供资金（由政府向所有的公民提供就业福利），因此它们有探索投机性更高、风险性更大的项目的可能性。潜在的雇员不用担心公司倒闭会导致他们失去其家庭的健康保险或者不能退休。这种制度对于美国来说也许是不现实的，但是，颇具讽刺意味的是，"奶妈国家"竟然擅长鼓励创业，而美国却为股份公司雇主设立了如此之多的义务，以至于股份公司正在消亡。

---

① 请参阅：皮尔·赫尔·克里斯滕森，"全球化和北欧模式：为实现福利国家和经济组织的试验系统而努力？来自欧美第六框架项目的结果：全跨度学习"，组织学习的跨学科委员会，密歇根大学，2009年10月2日。他的演讲内容可以通过如下链接下载：http://icos.umich.edu/lecture-2009-10-02。

第10章 正在上升的不平等

2011年的占领华尔街事件引起了人们对美国财富和收入分配严重不平等的关注。一些社会活动家和学者指出，社会顶层的1%人口与其他99%的人口之间的差距越来越大了。事实确实如此，由顶级高管、金融家以及富裕的继承人构成的精英阶层，似乎对美国的经济和政治发挥着不相称的影响力。每届大选，总统候选人都在寻找能够独立地为竞选提供资金的少数亿万富翁。但诸如科赫兄弟那样的化石燃料巨头和谢尔登·阿德尔森那样的赌场老板，他们要求别人顺从他们的怪异偏好，那么，我们如何才能达到那样的境界呢？

许多人将新的不平等归咎于毫无约束的股份公司的势力，认为股份公司无限制的政治资金支出和极其不平等的薪酬制度，构成了今日美国社会不平等的主要原因。由于少数公司首席执行官八九位数的薪水和过分慷慨的政治献金，致使股份公司维持着一套赤裸裸的不平等制度。

然而，实际上，正如我在本章中所主张的那样，导致社会财富差距拉大的原因不是股份公司势力的上升，而是股份公司的衰落。在二战后的一段时间里，大型股份公司数量的增加对应着美国社会财富分配不平等程度的大幅度下降。股份公司使整个美国的薪酬制度均等化并提供使员工个人升入中产阶级的职业发展阶梯。后来，随着股份公司将它们的供应链外包出去以迁就于股东价值最大化的需求，以及随着零售业取代制造业成为最大的就业行业，劳动力市场变得日益两极分化了，其结果是大型股份公司的就业人数不断下降，社会收入不平等程度上升。

为何社会收入不平等程度正在上升？

在过去三十年左右的时间里，无论是在美国还是在世界其他各地，社会财富分配不平等程度都在急剧地上升，美国最富裕的1%家庭的收入增长速度远快于其他99%的家庭，两极的财富差距已经达到了1929年大萧条时期的最高水平。① 而在1979年到2007年间，60%的中产家庭的税后收入增长了42%，1%的最富裕家庭的税后收入增加了3倍以上，1%的最富裕家庭的收入相当于美国社会全部人口收入的20%以上。② 股份公司首席执行官的薪水涨幅更是令人吃惊。1965年，一位首席执行官挣得的收入是普通工人的20倍；然而，到了2014年，他挣得的收入是普通工人的300倍以上。③ 2015年5月，奥巴马总统在乔治城大学的演讲中指出，全美国最大的25家对冲基金的经理们所挣得的收入超过美国所有幼儿园教师的收入之和。④ 如果说到财富分配，则更加不公平。沃尔顿家族是沃尔玛公司财富的继承者，其拥有的财富相当于40%的美国底层人口的财富之和。⑤ 我们显然已经进入了一个新的镀金时代，少数人获得了巨大的财富，而大多数人的财务状况则停留在原

---

① 请参阅：德鲁·德西尔维，"美国社会收入不平等程度持续几十年上升，如今已经达到1928年以来的最高水平"，皮尤研究中心，2013年12月5日，http://www.pewresearch.org/fact-tank/2013/12/05/u-s-income-inequality-on-rise-for-decades-is-now-highest-since-1928/。

② 请参阅：乍得·斯通、达尼洛·特里西、阿尔洛克·谢尔曼以及布兰登·德波特，"收入不平等历史趋势的统计指南"，预算和政策优先中心，2015年2月20日，http://www.cbpp.org/research/poverty-and-inequality/a-guide-to-statistics-on-historical-trends-in-income-inequality。

③ 请参阅：劳伦斯·米谢尔和阿丽莎·戴维斯，"顶级CEO们的收入是典型工人们的300倍以上"，经济政策研究所，2015年6月21日，http://www.epi.org/publication/top-ceos-make-300-times-more-than-workers-pay-growth-surpasses-market-gains-and-the-rest-of-the-0-1-percent/。

④ 请参阅：菲利普·布姆普，"排名前25的对冲基金经理的收入超过美国所有幼儿园教师的收入总和"，《华盛顿邮报》，2015年5月12日，http://www.washingtonpost.com/blogs/the-fix/wp/2015/05/12/the-top-25-hedge-fund-managers-earn-more-than-all-kindergarten-teachers-combined/。

⑤ 请参阅：汤姆·科茨切尔，"沃尔玛·沃尔顿家族到底有多富有？"《政治真相》，2013年12月8日，http://www.politifact.com/wisconsin/statements/2013/dec/08/one-wisconsin-now/just-how-wealthy-wal-mart-walton-family/。

地水平。

不过，尽管人们都认为社会收入差距拉大，财富分配不平等程度上升了，但他们可能对此有不同的理解。"不平等"到底是什么？之所以不平等无处不在，难道是因为：社会人口中1%的人比99%的人富裕得多？男人平均要比女人挣得更多？美国当局对待非洲裔美国人的方式不同于白人？富裕家庭天资平平的孩子的大学成绩要高于中低收入家庭天资聪颖的孩子？

在这里我们首先要区别收入和财富的概念。收入衡量你在特定年份中挣了多少，而财富则衡量你在一定时期里或经过数代的时间积累了多少。财富往往特别集中，因为家族可以将财富一代代地传承下去，这给了每个新生代巨大的领跑优势；普通家庭的大多数孩子几乎没有从自己的父母那里继承到什么财产，但是富家子弟（比如沃尔顿一家）却可以继承数以亿计的财富。很多关于"不平等"的某些讨论仅仅聚焦于贫困：什么因素决定了贫困线以下的人口规模？其他讨论则聚焦于社会人员流动性：为何某些人能够向上流动而另一些人却不行？还有一些讨论围绕群体差异而展开：为何妇女平均起来挣的比男子少？为何白人挣的比黑人多？而那些关于政治权利的论述常常喜欢区分结果平等（这种平等容易观察，并且不平等的状况昭然若揭）和机会平等（这种平等难以观察，但是获得支持）。

本章将集中讨论收入分配问题，即每年有多少人通过工作（或其他来源）获得收入，以及收入差异在全部人口中有多大。最常用的收入不平等的指标是基尼系数，而基尼系数的范围是从0（此时每个人的收入完全相同）到1（此时某个人占有全部收入）。值得一提的是，基尼系数测度的是收入分配而不是收入水平。换言之，基尼系数不是测度馅饼有多大，而是测度馅饼如何分配。对于基尼系数来说，平均收入是100美元还是100 000美元并不重要，它仅仅测度收入在整体收入中的变化程度。用基尼系数来衡量，美国收入的不平等程度自20世纪80年代以来一直处于上升状态。

对收入不平等程度上升的标准解释常常强调要将广泛的经济、技术趋势和个人的选择结合起来，其流行的最近版本是"偏向技能的技术变革"理论。然而，一旦重要的技术发生变化，往往会导致某些技能的利用率下降而另外一些技能的利用率则上升。工业生产的突飞猛进使得机械技能相对于农业技能的利用率提高，于是行业收入不平等上升。20世纪50年代，经济学家西蒙·库兹涅茨注意到了新兴工业化经济体的收入不平等程度似乎要高于农业经济体和发达的工业经济体，进而提出了如下假说：（随着新的技能和资本所有权变得更有价值，）技术的进步首先导致收入不平等程度上升，之后有所下降。该假说所包含的思想被归纳在"库兹涅茨曲线"中。

根据这一理论，信息和通信技术（ICTs）的扩散将导致新技术（比如编程）变得特别有价值，而其他生产技能（比如手工劳动）变得不太有价值，进而导致这两种技能的收入不平等程度上升。在通向收入更加平等的未来之路上，当前这一轮不平等的上升可能仅仅是一个暂时的曲折，因为更多的人将离开制造业和零售业而去学习诸如 Python 和 SQL（结构式查询语言）这样的编程语言。

这种理论有一定的道理，我们大家可以想象那些早慧的孩子在他们的寝室里写出一款应用程序而最终成为亿万富翁，而另外一些人则因为家具厂关门或百视达公司破产而失业。但是，社会收入最不平等的国家是某些科技欠发达的国家（例如津巴布韦和秘鲁），而某些科技最发达的国家（例如日本和德国），其社会收入却仅有相对较低程度的不平等。这说明，社会收入不平等程度的急剧上升并没有明显地对应着技术发展的冲击。英国在玛格丽特·撒切尔执政期间（1979～1990年）其社会收入不平等程度上升了，但在撒切尔离任之后却变得相对稳定，即使互联网将信息技术扩散到每一个家庭和每一家企业也没有产生太大的影响。[1]

作为另外一种理论解释，有些人强调富有者的政治权力和他们根据自身利益来塑造公共政策的能力。托马斯·皮凯蒂提供了最著名的新近解释，他描述了不平等在资本主义经济中的漫长历史及其当前后果。[2] 实际上，皮凯蒂的分析对投资收益率（R）（包括资本所有者所得到的收入）与整个经济的增长率（G）做了比较，他认为，如果 R 大于 G（R > G），则收入倾向于更加集中在富有者手中，即那些主要靠投资而不是劳动获得收入的人，他们有时被称作"食利者"。但是，最终人们究竟是如何按照不同的方式获得收入的

---

[1] 请参阅：我于 2014 年 10 月 3 日在密歇根大学组织研究跨学科委员会上所作的"关于制度和不平等"的发言，http://icos.umich.edu/lecture-2014-10-03。

[2] 请参阅：托马斯·皮凯蒂（2013），《21 世纪的资本》（麻省，坎布里奇：贝尔纳普出版社）。

呢？一个明摆着的事实是，偏向技能的技术变革或 R > G 这样的具有全国性影响力的因素导致了人们收入不平等程度的上升，就如同人们知道过多地食用食盐将必然导致自己的血压上升一样。这有一定的道理，但是我们想知道这种情况到底是如何发生的，以及它是否与我们胸腔里的所有器官都有关系。

让我们来思考一下人们是如何获得他们的薪酬的。大多数人为组织而工作，这些组织通常是沃尔玛和通用汽车这样的巨型公司，因此，影响人们薪酬的多少主要取决于公司组织：公司如何雇用特定的人？公司向他们支付多少薪酬？公司如何使他们获得晋升？公司如何解雇他们？一般而言，工作职位和薪酬是由公司来分配的。如果我们想要理解人们薪酬的决定方式，那么，我们就需要研究公司组织及其薪酬惯例。

规模有多重要？

股份公司的等级制度明显地传递了员工收入和社会地位等不平等的信息：首席执行官居于顶端的金字塔形组织结构图、高管专用停车场、相应级别人员办公室的大小和空间高度。我们经常听说首席执行官与普通员工之间的薪酬之比，例如，美国运通公司的该比值是 119：1，美国电话电报公司是 100：1，而 CVS Caremark 公司则是 422：1。[1]

薪酬差异被内置于股份公司的结构中。1950 年，赫伯特·西蒙（于 1978 年获诺贝尔经济学奖）指出，各个组织通常有如下规范：老板和下属的薪酬水平大致成比例，即老板比向他汇报工作的人多挣 30%。由于顶级管理者能够管理如此多的下属，因此这个规范意味着，组织越大、等级越多，顶级人员就挣得越多。[2] 这给了那些顶级管理者扩大他们组织规模的激励，即使这样做不是特别有好处也如此。

乍一看，你也许会以为股份公司规模较大的一些国家其社会收入不平等程度更高，以及如果股份公司的规模不一样，那么，大型股份公司就要比小型股份公司在雇员收入上要更加不平等，而拥有许多巨型股份公司的经济体

---

[1] 请登录 PayScale 人力资本公司的网站：http://www.payscale.com/data-packages/ceo-income/full-list。

[2] 请参阅：赫伯特·西蒙（1957），"高管的薪酬"，引自《社会计量学》第 20 卷，第 32~35 页。

将在社会收入上特别地不平等。但实际情况恰恰相反：社会收入最平等的经济体（例如斯堪的纳维亚国家）恰恰是那些拥有全球顶级公司（诺基亚、沃尔沃、马士基、爱立信、挪威石油、诺和诺德、宜家）的国家，而社会收入最不平等的经济体（例如哥伦比亚和南非）几乎没有什么真正的大型内资企业。实际上，我和亚当·柯布在沃顿商学院的研究成果表明，在世界各地，顶级内资股份公司所雇用的劳动力比例与其雇员收入不平等程度之间存在负相关关系，拥有许多更大股份公司的国家往往具有较低程度的经济不平等，反之亦然。①

没有一个国家和地区像美国那样，在公司规模和收入不平等之间存在着显著的关系。下图10.1显示了1950年以来美国的社会收入不平等程度（用基尼系数衡量）和10家巨型股份公司的就业人数之间的相关关系。根据两者的波动情况测算，其相关性是−0.9。换言之，收入不平等和公司规模之间几乎存在着机械性的负相关关系。随着公司规模的扩大（比如20世纪60年代），收入不平等程度降低；随着公司规模的缩小（比如20世纪80年代的收购浪潮），不平等程度上升。如果你不是一位社会科学家，那么，我要强调这两者的相关度确实非常高。虽然人们的体重和血压具有很强的相关度，但无论如何它也抵不过这两者。

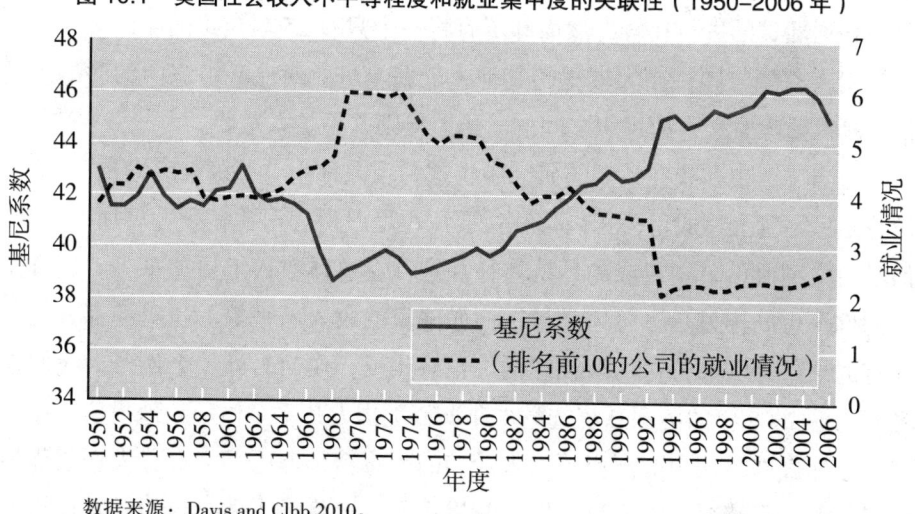

图10.1　美国社会收入不平等程度和就业集中度的关联性（1950-2006年）

数据来源：Davis and Clbb, 2010。

---

① 请参阅：杰拉尔德·F. 戴维斯和亚当·柯布（2010），"世界各地股份公司与经济不平等：等级制度的悖论"，《组织行为研究》第30卷、第35～53页。

也许你会认为，这怎么可能呢？如果大公司要比小公司更加不平等，那么，由大公司构成的经济体难道不应该比由小公司构成的经济体更加不平等吗？我们前述的相关性是违反人们直觉的，但是让我们这么想一下吧：假设通用汽车公司拥有100万名雇员，他们的薪酬层级非常多，比如，高管的薪酬高于中层经理，中层经理的高于工程师，工程师的高于生产工人，生产工人的高于支持性人员，而拿高薪的首席执行官处在薪酬体系的顶端。现在我们又假设通用汽车公司被分拆为100家小公司，而每家公司都有它自己的首席执行官，各自都需要有麦肯锡风格的顾问充当高管，有一个独立的财务人员组成的团队（在纽约而不是在底特律），一群寻找外包新方式的战略顾问，一位信息技术承包商，一批精干的熟练技工，大量由中介提供的临时人员的生产线，以及一个表外的后勤人员小组，等等。或许每家公司的每个部门薪酬会比较平等，但这100家小公司之间的总体收益必然存在巨大差异，其财务、信息技术以及咨询人员的薪酬肯定更高，而临时装配工的报酬却要低得多。对于整个100万名雇员来说，通用汽车公司的薪酬要比外包市场更加平等。

正如赫伯特·西蒙在很久以前所指出的，组织的边界就是社会的边界。人们通过比较公司内部的薪酬来评估它的公平性，但是人们不大会比较公司之间的薪酬差异。一些报纸杂志经常发表特别报告，将公司首席执行官的薪酬与普通雇员的进行比较，然而却鲜有将一个只有25名员工的纽约对冲基金的负责人薪酬与同一座大楼里的其他人的薪酬进行对比。组织内的薪酬差异似乎具有重大意义，而组织之间的薪酬差异则并不是太重要。

亚当·柯布和我在我们的研究中将这种现象称为"等级制度悖论"。这个悖论是：尽管大型股份公司内部往往要比小型股份公司在薪酬上更加不平等，但是由大型股份公司组成的经济体往往在社会总体收入上更加平等。还有其他的例子也同样显示，总体结果（例如国家的收入不平等）与组成部分所应该有的结果（例如公司的薪酬结构）正好相反。作为另外一个例子，我们来考察一下2008年的美国总统选举。非洲裔美国人几乎全体一致地投票支持奥巴马。你也许会认为非洲裔美国人最多的州将会是奥巴马拥有最大选票优势的州，但实际情况正好相反。以下是黑人人口比例最大的5个州及其投给奥巴马的白人竞争对手约翰·麦凯恩的票数比例：密西西比州（37%，56%）；路易斯安那州（32%，59%）；乔治亚州（31%，52%）；马里兰州（39%，

37%）；南卡罗来纳州（28%，54%）。总之，麦凯恩轻松地赢下了 5 个拥有黑人人口最多的州。

美国公司规模简史

美国当前存在着某种程度的收入分配不平等的情况，这是自 19 世纪末镀金时代以来所未曾有过的。当时，铁路大亨们正在纽波特修建度假豪宅并捐建诸如斯坦福和范德堡这样的大学。有史以来，美国社会收入分配最平等的时期是 20 世纪 60 年代后期。是什么因素促进了战后年代社会收入平等性的提升？后来又是什么因素改变了趋向让美国走上了当前的道路？

最简单的解释是，战后工会势力足够强大，在薪资谈判中占据有利地位，因此，随着工会会员人数的增加和工会势力的上升，社会收入不平等程度在下降。在 20 世纪 50 年代中期之前，大约有三分之一的工人是工会成员，而在这之后，非农劳动力加入工会的比例持续减少。到了 60 年代，社会收入不平等程度随着工会密度的下降而下降。然而，仅工会势力这一个因素还难以解释这一趋势。实际上，美国的公司规模和雇员收入不平等之间存在着令人吃惊的波动（见上图 10.1），两者似乎按照不可预测的方式随着时间的推移而变化，两者的相关度非常高。

50 年代和 60 年代的一些评论家指出，公司高管的薪酬往往与他们管理的公司的规模有密切的关系，而与公司利润几乎没有什么关系。正如本章前述所指出的，赫伯特·西蒙认为这是因为社会规范支持公司老板和其下属的薪酬应该保持一定的比例。尽管"市场"可能决定初级工作职位的薪酬，但是一旦某个人开始通往较高的职业发展阶梯，那他的薪酬就取决于他所达到的等级。因此，公司规模越大，层级就越多，顶层管理人员的薪酬就越高。这给了那些公司管理者扩大企业规模的充分理由，同时这也有助于解释为何高管喜欢进行企业收购，尽管他们常常无功而返。

当然，薪酬并不是驱动股份公司扩张的唯一因素。公司的规模还与其关注度和品牌影响力有关。《财富》500 强不是根据公司的利润水平排位的，而是按照公司的规模来排位的。公司规模越大，其权力就越大，公司总部的大楼就越高，公司的商务机就越引人注目，它也能为雇员提供更多的升迁机会。

人们有太多的理由想把公司做大，为何要让是否赢利这一因素挡住前行的道路呢？1970年，25家美国顶级股份公司的雇员数量相当于美国总劳动力的10%。这些股份公司的规模如此之大，以致它们在很大程度上就代表了美国的劳动力市场，它们的政策决定了到底谁能获得工作、薪资有多高，以及谁能获得晋升机会。

不过，公司的规模不可能无限扩大。到了20世纪80年代初，华尔街和华盛顿终于找到了终结公司无休止扩张的办法：分拆型收购潮和聚焦公司本身发展的新准则将大型联合企业重新分拆成了各个子公司，而各个子公司制定其相应的雇佣和薪酬条例。此外，顶层管理者的薪酬越来越多地根据其所创造的绩效——特别是其为股东创造的价值——来确定，而越来越少地根据公司规模的扩大来确定。如今，股份公司重要的不是营业收入的规模，而是市场资本总额的规模。雇用大批员工不再是值得骄傲的事情，相反，它还说明首席执行官还不知道要向"中子弹杰克"*学习，后者果断地缩减了通用电气公司的规模。随着更多的价值链要素变得适合于外包，许多公司开始采用"虚拟股份公司"的经营模式（对此本书第6章有描述）。如今小即美，做大了就会成为恐龙。

结论：如果你喜欢不平等，则小即美……

正如我们在本书的其他章节中所看到的那样，在二战后的大部分时间里，美国的一些公司因规模的扩大和成长而得到了回报，它们通过努力获得了巨大的收益，扩大了资产规模，增加了就业人数，股票价格也不断上升。少数股份公司最终将心想事成，然而这却导致了没有足够多的股份公司来填满《财富》500强的榜单。令人惊讶的是，随着股份公司规模的不断扩大，全社会的收入不平等程度下降了。尤其在"股份公司世纪"的全盛时期，也就是理查德·尼克松政府执政时期，美国社会的收入不平等程度达到了历史最低水平。

不过如今这种状况完全被逆转。现在的公司制度绝对不利于做大，尤其

---

* 杰克·韦尔奇在20世纪80年代曾因其缩减公司规模和施行严格的绩效考核制度、大量裁员而被人称为"中子弹杰克（Neucron Jack）"或者"残忍的毁灭者"。——编者

不利于就业：创新技术和创造股东价值的压力已经导致公司小得不能再小了，并且它们尽量避免对雇员做出长期承诺。股份公司提供的职位包含一系列的工作，而这些工作需要有更多的责任（当然也对应相应的薪酬）；如今这些职位正在被工作所替代，而工作又正在被任务所替代。

二战后的批评家们将不断扩大的股份公司视为对民主和环境的威胁。1973年，股份公司正好处在集中化的顶点，这时舒马赫出版了《小即美：一项把人当回事的经济学研究》。该书一出版，"小即美"这个习语便在社会上产生了广泛的共鸣。将公司经济引向无限扩大的空间，其社会后果是极其严重的，不过，舒马赫（在标题为"关于大型组织的理论"的一章中）悲观地总结道："没有人真的喜欢大型组织……但是，大型组织似乎要留在这里。"[1]

然而，谁能料到我们有朝一日有可能为大型组织的消亡而哀叹？如前所述，一旦涉及社会收入不平等程度的上升，则大即美。另外，我们将在下一章中看到，如果涉及提供就业机会的事情，那么那些巨大的股份公司还是有一些可取之处的。

---

[1] 请参阅：舒马赫（1973），《小即美》（伦敦：布隆德与布里格斯出版社），第203页。

第 11 章　正在下降的向上流动性

如下观念是美国民族特性的一个重要部分：任何人只要努力工作并且按规矩办事，就能在这个世界上向上发展。但对于那些继承成功而不是通过自身的勇气和努力获得成功的人，人们持怀疑态度。比如，（2012 年 8 月）参加大选的总统候选人米特·罗姆尼，其父亲曾是一家汽车公司的首席执行官，之后还担任过密歇根州州长一职。罗姆尼首先进入一家高级寄宿学校学习，而后分别在哈佛大学商学院和法学院获得学位，毕业后管理着一家私募股权基金公司。然而，在 2012 年提名罗姆尼作为总统候选人的共和党全国代表大会上，罗姆尼的妻子在演讲中情不自禁地提到，他们婚后曾住在地下室的公寓里，物质生活非常穷困，"食用大量的面食和金枪鱼""我们的餐桌是一块放在厨房中的折叠式烫衣板"。

如今，整个政治舞台上的政治家们和评论家们哀叹美国人收入停滞、向上的流动性下降。大学毕业生们为了偿还他们的助学贷款而去做咖啡调配师或跨界兼职工作，没有任何福利待遇。有车的人可以成为个体经营的"微型创业者"，去为优步公司开车。即使是文科毕业生的保底选项也不再能够养家糊口：2014 年，法学院的新生注册人数与四年之前相比下降了 40%；2013 年，一个班只有 57% 的学生最终能找到需要通过律师资格考试的工作。① 对于没有大学学位的工人阶级来说，情况要糟糕得多，他们的收入已经停滞了一代人的时间，几乎不能期望收入有大幅度的上升。

---

① 请参阅：伊丽莎白·奥尔森和大卫·西格尔，"法学院的新生注册人数大幅度减少"，《纽约时报》，2014 年 12 月 17 日，http://dealbook.nytimes.com/2014/12/17/law-school-enrollment-falls-to-lowest-level-since-1987/；伊丽莎白·奥尔森，"法学院是买方市场，缺少优秀的学生"，《纽约时报》，2014 年 12 月 1 日，http://dealbook.nytimes.com/2014/12/01/law-school-becomes-buyers-market-as-competition-for-best-students-increases/。

在本章中，我们主张美国在二战后的一段时间里，整体社会阶层向上流动性获得了大型股份公司的支持。股份公司为其雇员提供了有升迁空间的初级工作职位，它的稳定和扩大意味着公司职业是有保障的；股份公司的多层级结构意味着雇员有一条清晰的职业升迁之路。但是，随着股份公司的重要性的下降，公司雇员向上流动的道路越来越难走了。之前，工作代替了职业；如今，任务正在代替工作。我们已经进入滑道与梯子（Chutes and Ladders）经济时代，少数人似乎因运气好而致富，而其他人则勉强度日。

如何进入中产阶级？

你会给一个即将走向社会的 17 岁的年轻人提供什么样的建议呢？中学毕业典礼上的演讲嘉宾每年的 6 月前后都会碰到这样的问题。除了极个别的情况，大多数人的建议——相信自己、努力工作、追逐你的梦想——四平八稳，毫无帮助。假设你的一位侄女或侄儿真诚地向你请教为人处世的指导原则，你会给出什么样的建议呢？他们相当聪明、英俊漂亮，属于数字原生代；你感觉他们在 35 岁之前会有稳定的收入，几乎没有债务，拥有足够的收入来买房和养家；乐观地看，他们可能还想比他们的父辈过得更加富有。那么，什么样的指导性建议适合他们呢？

首先，在第二次世界大战之后的 40 年时间里，人们有简单的方法过上相当不错的中产阶级生活。通过努力学习获得优秀的中学成绩，尽自己所能进入一所最负盛名的大学。常春藤大学固然是好极了，但优质的公立大学也相当不错，并且可以通过暑期工作来挣得大部分学费。根据以往的经验，相对于非大学毕业生，大学毕业生的失业率更低而薪酬更高，因此，上大学是一个可以轻松获利的投资决策。

其次，就读实用的专业。诸如工程、会计和计算机学科等十有八九是不会错的，这些技能常常为公司所需要（当然，如果你像我一样读的是哲学或英国文学这样的不务正业的专业，那么总是有法学院还可以给你上的）。

第三，拿到学位之后，就去前景良好的行业里找一家知名的股份公司找一份工作。大公司既安全又能提供最好的职业晋升机会。彼得·德鲁克曾在 1949 年写道："仅仅在 20 年之前，聪明的哈佛商学院毕业生的目标是找一份纽约股票交易所里的工作，如今他们寻求到钢铁、石油和汽车行业的公司里去工作。"[1]那些更喜欢冒险的人则可能考虑国际商用机器公司甚至施乐公司。

第四，买你能负担得起的最大且最贵的房子。房价总是上涨的，而且税法鼓励持有房子。没有比美国的房子更加安全的投资品了。

第五，确定你的公司雇主有可靠的养老金计划。你要尽量地将你的孩子的大学基金和额外的退休储蓄投入一个分散化的共同基金当中。从长期来看，市场总是向好的，股市的投资收益率将打败所有其他的投资方式。

最后，你的回报是在佛罗里达过上舒适的退休生活。

社会人员向上流动之路几乎不可避免地贯穿于股份公司的世界之中。像柯达、西屋电气、美国电话电报和通用汽车这样的公司又大又在成长之中，这些公司的雇员从初级职位开始的晋升空间几乎没有任何限制。对于穿着灰色法兰绒制服的人来说，尽管人生并不像《广告狂人》的制作者那么激动人心，但它却是有把握的。

社会人员的向上流动性出什么问题了？

在最近几年中，左、右两派的政治家们都在为经济领域的人员的流动情况今非昔比而苦恼。那些努力工作并遵守游戏规则的人理应得到舒适的生活，比如，购买一所房子，孩子可以上大学，而自己则安全而体面地退休。但是如今游戏规则似乎已经改变了，工作取代了职业，房屋成为高风险的投资品，大学费用已猛涨至普通家庭的支付能力之上，大学毕业生常常只能从事中学毕业生能做的毫无前途的工作（如给牛奶脱脂并再次注水）。并且，目前401（k）计划的现状，也让退休对于许多人来说是一个遥远的梦想。

研究表明，美国社会阶层的向上流动程度并没有人们想象得那么高。霍雷肖·阿尔杰的国度更加类似于查尔斯·狄更斯的国度，就像不平等那样，社会阶层的流动性可以有不同的界定方式。"代际流动性"指的是我们这一代到底是比我们的父辈更富还是更穷。对此进行研究的研究者可能会问：同样是40岁的时候，你的收入和你父亲的收入有何不同？审视那些从社会底层起

---

[1] 请参阅：德鲁克，"新的社会（一）：大规模生产所引发的革命"，同时参见本书第27页注释②。

步的人最终是否获得升迁是格外有启发的。那些出身于社会底层20%家庭中的未成年人在他们成年之后依然处于那个阶层的比例是多少？而升入社会最上层20%群体中的比例又有多少？这类数字非常有用，因为它们可以用来进行不同国家之间和不同时期之间的比较。

在这方面，实际情况证伪了美国是机遇之国的传说。一项最新研究发现，在社会底层20%家庭中成长起来的人成年之后，其中有42%的人依然留在了那个阶层，只有8%的人成功升入了社会最上层的那个20%的群体之中。当然，美国的这些数据的不完整程度要远远低于西欧和斯堪的纳维亚国家，这使人们意识到，美国社会底层的家庭流动性远没有传说中的那么高。[1]美国人喜欢的白手起家的故事在现实中其实并不常见。关于这种情况在最近几十年里发生了多大程度的改变，人们依然持有不同的观点。一项研究发现，与20世纪60年代末和70年代初（那时是股份公司经济的高峰时期）进入劳动力市场的年轻人相比，80年代和90年代进入劳动力市场的年轻人在10年之后依然待在工资低下、毫无前途的工作职位上的人数要高出一倍以上。[2]某些新的研究还暗示，美国的代际流动性已经长达几十年保持在低位上。[3]不过，社会阶层流动性模式的变化很可能取决于人们考察的起点的不同，然而，无论如何，人们对此的认识最终都会赶上实际变化的情况。

其他研究考察了哪些工作职位的流动性趋势在上升或下降，从中可以判断未来的走向。多年以来，劳动力市场被描述为两极分化，认为低技能的工作职位（例如零售业、清洗业、食品服务业、保安业等）有所增加，然而实际上，报酬丰厚、要求较高的技能和需要较多培训的工作职位也有所增加，

---

[1] 请参阅：马尔库斯·詹蒂、克努特·罗德、罗宾·内勒、安德斯·比约克隆、伯恩特·布拉茨伯格等（2006）："美国例外论的新认识：北欧国家、英国和美国的代际收入流动性的比较"，德国波恩，劳动讨论研究所，第1938号系列论文，http://ftp.iza.org/dp1938.pdf。

[2] 请参阅：A.D.伯恩哈特、M.莫里斯、M.S.汉德科克以及M.A.司各特（1999），"工作的不稳定性与中年男性的工资"，宾州州立大学工作论文第99-01号；乔尔·米尔曼，"底层群体的升迁之路越来越窄：公司内部员工培训的减少和外包数量的上升导致更多的人只能从事粗重的工作"，《华尔街日报》，2005年6月6日，http://www.wsj.com/articles/SB111802315797151471。

[3] 请参阅：大卫·莱昂哈特的一个简短的总结，"研究认为社会阶层的向上流动性并没有下降"，《纽约时报》，2014年1月23日，http://www.nytimes.com/2014/01/23/business/upward-mobility-has-not-declined-study-says.html。

而中等技能的工作职位由于自动化程度提高和离岸外包有所下降，同时，高端劳动力市场的乐观气氛似乎正在减退。一项最新研究发现，大学毕业生在20世纪90年代有更多的机会获得高技能的"认知性工作"，但是这种情况在2000年之后被逆转了。[1] 这也许有助于解释为何社会阶层流动性的下降似乎要比统计数据所显示的程度更为严重。与早先的大学生相比，现在的大学生毕业后正进入待遇较低的劳动力市场，这会限制他们将来向更高阶层的流动（迹象之一是几乎一半的优步驾驶员拥有大学学位）。其他研究考察了个人发展的长期轨迹和收入增加或下降情况。人们在40岁之前从事的工作职位的数量常常被用来佐证这项研究成果。

正如我们的指导性建议所暗示的那样，美国经济的黄金时代在很大程度上是由大型股份公司造就的。本书前述第10章描述了"等级制度的悖论"，即在等级制度中，大型的科层制股份公司有助于降低国家整体经济的不平等程度，然而它的等级制度是如此不平等，比如，从位于地下室的邮件收发室到位于顶楼的首席执行官的转角办公室，公司楼层和地位等级完全匹配，以致股份公司等级制度的崩溃有可能被看成是人类平等的一个胜利。

另外，一个人的地位等级是另一个人的职业发展阶梯（如果那个人是男性白人，并且没有养儿育女的负担，则这种说法至少是正确的）。一个人工作从收发室上升到行政套间的想法仅仅在组织等级的范围内才能讲得通。股份公司提供的稳定的制度，使你远离市场的不确定性，并且具有明显的职位升迁通道。股份公司发展的稳定和部门扩大使得年轻人上大学成为一项必赚的投资。1930年列入道琼斯指数的大多数蓝筹股公司60年之后依然存在。股份公司的职业虽平淡无奇，但却具有可预测性。一个人去伯利恒钢铁公司和联合碳化物公司工作的最大风险是心生厌倦，而非经济安全问题。

当然，那些没有上过大学的人也从公司制度中获得经济利益。从亨利·福特的五美元工作日到黑人大迁徙（使非洲裔美国人逃离南方种族隔离区来到北方从事雇佣劳动），大型股份公司为有各种技能的人提供了机会。尽管我的祖父和外公都缺少正规教育和相应的先行培训，但是通过移居到底特律并为大型汽车公司工作，他们找到了经济的向上流动通道。这在很大程度

---

[1] 请参阅：保罗·博德里、大卫·A.格林和本杰明·M.桑德（2014），"2000年以来年轻人的时运越来越不济"，《美国经济评论》，第104卷，第381～386页。

上拜大型股份公司所赐，使得工人阶级得以全体升入中产阶级。

从职业到工作再到任务

大型股份公司的衰败意味着不再有一个清晰的路径来引导人们向上流动。20 世纪 90 年代，评论家们开始写"职业之死"方面题材的文章。股份公司也许依然给人们提供工作职位，但是它们将不再提供职业发展阶梯。正如通用电气公司的杰克·韦尔奇说的那样，公司将不再提供长期工作，代之以提升就业能力。换言之，在通用电气公司工作意味着你将来可以在其他公司轻而易举地找到工作。①

初级职位的概念意味着该职位是职业发展阶梯上的第一个阶梯。在过去，许多职位被称为"没有前途的工作"，即升迁不到哪里去的工作，然而如今，如果邮件收发室是由一家承包商或短期工中介公司经营的，则一份邮件收发室的工作就不再是一个"初级职位"，即使当初进入邮件收发室可能是一件难以争取的事情。现在每年有数以万计的工人被短期工中介公司雇用并被安排去亚马逊公司的仓库工作，而精选出来的少数人会因其出色的业绩被安排一份真正毫无前途的亚马逊工作。

现在诸如出版、电影、时装以及政治等行业的"岗前"工作均不发放任何报酬，它们被称为实习岗位。实际上，为了自费获得大学的学分，许多大学生被要求从事低报酬的工作，因为这种实习岗位是为了将来获得有实际报酬的初级岗位所准备的。②

如今在许多行业，提供工作职位是一种代价过大的承诺，它正在被任务活动所取代：完成指定的工作（比如，开车送某人去机场，或者在线照片上贴标签），收取约定的报酬——不是作为雇员，而是作为独立承包人。叫车平台优步就是这种新的工作形式的最典型的例子。由于大多数人都携带着装

---

① 请参阅：玛莎·勒加斯，"杰克·韦尔奇班级日访谈——杰克·韦尔奇告诉哈佛商学院的毕业生'不要做傻子'"，哈佛商学院，"有用的知识：引领的思想"，2011 年 6 月 11 日，http://hbswk.hbs.edu/archive/2310.html。

② 请参阅：斯蒂文·格林豪斯，"国外实习：无薪岗位，标价 10 000 美元"，《纽约时报》，2015 年 2 月 5 日，http://www.nytimes.com/2015/02/08/education/edlife/the-10000-unpaid-global-internshi p.html。

有全球定位系统的智能手机，因此优步和其他类似的平台使消费者能够按一定费用将微型工作（比如遛狗、取杂货、包礼品、给绿植浇水等）发包出去。潜在的承包人有时候互相竞价，看看谁出的价格最低。例如，在亚马逊的土耳其机器人（MTurk）上，这种相互作用的方式使得许多Turker的收入经常低于法定的最低工资。由于他们不是雇员，而是独立的微型创业者，因此法定的最低工资并不适用于他们。

如果法律允许，这种新型的"平台资本主义"（一个比"共享经济"更准确的术语）极有可能扩散至任何一个可以轻易列举的任务中。值得注意的是，技能本身并不是使用此类平台的障碍：平台可以要求其微型创业者提供各自的资质文件（比如商业驾照、证书、医学学位等）。

尽管面临着出租车司机和政府的强烈反对，但优步公司还是迅速实现了其全球性的扩张，这显示了平台资本主义重塑产业和就业关系本质的潜力，下述第13章我们将对这一主题进行分析。考虑到平台资本主义模式的成本优势，它的扩散似乎是必然的。我们不难想象，这个模式将蚕食零售业和其他行业的就业机会。沃尔玛公司是否有可能设立各种任务的证书要求并且根据需要向各个平台开放呢？为何不能放弃固定工资并允许报酬根据每日的需求而变化呢？为何不能像土耳其机器人那样创造竞争机制，把计时工作承包给报酬要求最低的投标人呢？这种做法也许不符合当前的就业法律，但是法律当然不是一成不变的。显而易见，在任务的世界里，向上流动的可能性看上去不同于职业的世界。

"滑道与梯子"的劳动力市场

旧规则里的每一个要素都不再适用了。首先，上大学是否依然是明智的选择？一个被广为接受的看法是：上大学显然是明智的。与非大学毕业生相比，大学毕业生平均起来挣钱要多得多，而且失业率也低得多。但是，有批评者指出，当今最成功的亿万富翁企业家——比尔·盖茨、斯蒂夫·乔布斯、马克·扎克伯格——都是大学辍学者。而与此同时，在2014年年底，未偿还的学生贷款高达近12 000亿美元——超过汽车贷款和信用卡贷款之和。PayPal公司的共同创始人彼得·蒂尔甚至启动了一个奖学金项目，向20名幸运的年轻人提供 100 000 美元，让他们离开大学去创办公司。① 当然，考虑到眼下创业的成功率不高，我们还不清楚这是不是一个较好的选择。

其次，如果你选择了热门专业，那么股份公司会给你带来回报吗？上大学常常被当作人力资本投资来谈论（尽管学术界之外的人士常常将上大学看成是消费而不是投资）。从一所优质的州立大学获得一个学位可能要花费 100 000 美元以上，远远超过生育高峰期出生的中位人口所积累的退休储蓄。为了使自己获得一份报酬丰厚的长期职业，我们 17 岁的孩子应该学什么专业才好呢？几乎人人都会同意，一个计算机科学学位应该是新经济的完美的文凭。由于软件不断地向每一个经济领域扩张，这个世界处在不断变化之中，但编程者无疑将幸免于难。然而，2015 年 6 月，《纽约时报》发表了一篇文章，介绍了迪士尼公司的一个计划：用 H-1B 签证引入来自印度的廉价临时工，以替代公司的 250 名信息技术人员。如果失业人员过了 90 天的过渡期仍未找到工作，则他们可以得到一笔退职金；这对于许多失业人员来说，意味着为自己的取代者进行培训。②

这篇文章激起了广泛的公众抗议。公司雇主有时候抱怨"技能差距"，但这个故事告诉大家问题在于工资差距：既然有更低廉的替代者，那么迪士尼公司显然不想向它的程序员继续支付美国水准的薪资。一位名叫莫林·奥布里恩的网络评论员认识到了一个本质性的问题："为了获得一份永无可能变成报酬丰厚的职业的工作，哪个心智正常的人愿意投资几万美元和数年的培训时间呢？"③ 如果教育被视为一项投资，那么，公司的雇佣惯例就决定了这项投资的收益。如果公司急于用低廉的替代者取代熟练工人，那么，所谓的"技能差距"就会成为自我实现的预言。如果技能的报酬取决于公司雇主的专断行为，那么，谁还会为了发展技能而进行投资呢？

---

① 请参阅：马特·里奇特尔，"年轻的技术官僚"，《纽约时报》，2014 年 3 月 8 日，http://www.nytimes.com/2014/03/09/technology/the-youngest-technorati.html。

② 请参阅：朱莉娅·普雷斯顿，"迪士尼公司的解雇通知书。但是，要先培训好外国替代者"，《纽约时报》，2015 年 6 月 3 日，http://www.nytimes.com/2015/06/04/us/last-task-after-layoff-at-disney-train-foreign-replacements.html?_r=0。

③ 请参阅：莱拉·莫尔，"迪士尼的裁员和移民替代者引发如潮评论"，《纽约时报》，2015 年 6 月 5 日，http://www.nytimes.com/times-insider/2015/06/05/disney-layoffs-and-immigrant-replacements-draw-deluge-of-comments/。

第三，你的指数基金投资获得赢利了吗？从长期来看，股票市场是一个好的投资场所，而且人们不可能预测将来会发生什么。但是，在一些为期不短的时间里，股票市场里的行为曾经是一种有问题的赌博：在乔治·W.布什离任的时候，标准普尔500指数比他就任的时候跌了40%。如果股票退市和首次公开发行的趋势继续持续下去，如果引导资本的其他机制继续野蛮生长，则股市可能无法满足所有将来退休职工的强烈愿望。

我们也许正在不当的时机寻找职业机会。年轻人可能不想为传统的20世纪股份公司工作。高科技经济怎么样？一项针对40岁以下的大学毕业生的调查显示，他们最喜爱的三大公司是谷歌公司、苹果公司和脸谱公司。[1] 当然，在那些公司找到一份好工作的可能性微乎其微。2015年有将近190万获得学士学位的大学毕业生。2014年，脸谱公司在全球各地仅仅雇用了1 200名员工，并计划在2015年再雇用1 200名（值得注意的是，在它的新雇员中，只有7名黑人，黑人雇员的总数仅为45名[2]）。2014年和2013年年底，谷歌公司的雇员数量分别是53 600名和47 756名，净增不到6 000名。据说，谷歌公司每年会收到200万份申请，然而，在它那里获得一份工作职位的几率低至0.3%。现在谷歌公司共有92 000名雇员，但其中的半数都是在零售店工作，那里的薪水相对较低（2012年之前是每小时不到12美元）而职业发展阶梯有限。[3] 苹果公司的代表性工作不是高端的软件工程师，而是穿着蓝色T恤的购物中心销售员。

当然，股份公司可能不是技术流动性强的地方。获得最大报酬的创业者——最大的赢家——不是为苹果公司工作的人，而是为苹果手机创作精巧应用程序的人。有150万款应用程序在谷歌电子市场上销售，并且有几乎同

---

[1] 请参阅：雷切尔·爱玛·西尔弗曼，"年轻人喜欢脸谱、苹果和谷歌公司"，《华尔街日报》，2011年11月13日，http://www.wsj.com/articles/SB10001424052970203537304577032224274830372。

[2] 请参阅：鲁帕特·尼特，"脸谱公司在最近的多样性统计中仅雇了7名黑人"，《卫报》，2015年6月25日，http://www.theguardian.com/technology/2015/jun/25/facebook-diversity-report-black-white-women-employees。

[3] 关于苹果公司的就业数据，请阅读2014年证券交易委员会10-K表（http://www.sec.gov/Archives/edgar/data/320193/000119312514383437/d783162d10k.htm），以及大卫·西格尔的"苹果公司的零售队伍忠诚而低薪"，《纽约时报》，2012年6月23日，http://www.nytimes.com/2012/06/24/business/apple-store-workers-loyal-but-short-on-pay.html。

样多的应用程序在谷歌应用程序商店里销售。谷歌公司公布了数十万的注册程序开发者。真正的财富是从这里创造出来的吗？这里有一些生动的成功故事：WhatsApp（一款用于发短信的应用程序）的创建者以大约200亿美元的价格将它的公司卖给了脸谱公司。还有少数人通过在正确的时间编写并销售他们的应用程序而创造了巨大的财富，他们也成为传奇人物。但是，有数据表明，依靠编写应用程序谋生的人为数相对较少，而依靠在饮酒年龄之前获得的收入度过退休生活的人就更少了。

根据《纽约时报》一篇文章的描述，有两位中学生编写了一款对付拖延症的应用程序，该应用程序迅速成为iTunes上最为畅销的生产率应用程序。这两位中学生后来还参加行业会议并与业界大佬们会晤。然而不幸的是，应用程序的开发和营销影响了他们的功课和成绩。收益？他们两人一共获得了30 000美元（已扣除苹果公司应得的份额，但没有扣除参加行业会议的费用）。① 我们可以肯定的是，如果连中小学生都能编写畅销的应用程序，那么，这个行业就不可能成为一个将会产生稳定收入的行业。尽管根据美国劳工统计局的预测，软件开发者的就业量将从2010年的521 000人增加到2020年的665 000人，但是这并不是一件意想不到的幸事。

从某种意义上说，应用程序创业与职业体育或者毒品交易有许多相通之处：只有少数赢家可以获得非常高的收益，而大量的人都会被吸引进入一场获胜概率极低的游戏之中。我们可以用《魔鬼经济学》一书的口吻提出一个问题：为何应用程序的开发者还依旧跟他们的妈妈生活在一起？因为在赢者通吃的经济中，仅有少数几个玩家能获得大部分的报酬，而大多数人将被甩在后面。②

在当前的经济中，向上流动的规则神秘莫测。大家还记得儿童棋盘游戏中的"滑道和梯子"吗？在比赛中，玩家滚动骰子，然后将他们的游戏棋子往前移动，从方格1移到方格100。如果某些空格显示玩家正在做好事（比如正在读书或修剪草坪），那么，玩家就会顺着梯子向上移动；而如果另一些空

---

① 请参阅：里奇特尔，"年轻的技术官僚"，《纽约时报》，2014年3月8日，http://www.nytimes.com/2014/03/09/technology/the-youngest-technorati.html。

② 请参阅：杰拉尔德·F. 戴维斯，"为何应用程序开发者依然跟他们的妈妈生活在一起？"《哈佛商业评论》，2014年3月26日，https://hbr.org/2014/03/why-do-app-developers-still-live-with-their-moms。

格显示玩家正在做坏事（比如在大吃糖块或揪某人的头发），则玩家就会顺着滑道滑下来。尽管这个游戏的目的是传递善行和恶行的因果关系，教导人们行善，然而机灵的孩子们会意识到他们的命运并不取决于自己的选择，而是取决于骰子掷得如何。

当今的劳动力市场看上去很像滑道和梯子游戏。有些年轻人进入大学学习计算机科学，之后在一家美国大公司获得一份工作（比如迪士尼公司），但后来发现自己在培训了替代者之后失业了。而有些学生在宿舍里编写脸谱应用程序，之后退学了，最后成了亿万富翁。一些人在iPhone的早期编写出了足够好的应用程序，然后发财了；而另一些人编写出来的应用程序和他们几乎一模一样，已经挣不到任何钱了。

结　论

在20世纪的大多数时间里，美国人可以合理地期望自己过得比前辈们更好，年平均收入会随着时间的推移而上升，还可以指望看到自己的命运在职业生涯中得以改善。雄心勃勃的人在这个世界上拥有明显的上升路径。

这一制度获得了股份公司经济的支持。通过雇佣惯例和内部工作发展阶梯，股份公司创建了一幅清晰的职业地图。然而，它并不是向每一个人同等地开放的。不过，股份公司制度确实具有它自身的精英管理体制，可以被用来解释一些歧视性的做法。随着股份公司的衰落，工作取代了职业，任务又取代了工作。在现实中，我们无法控制的力量似乎掌控着我们的命运，而职业发展阶梯的想法越来越与现实脱节。如今，我们生活在滑道和梯子的经济中，努力和结果之间的关联性常常模糊不清。

在下一章里，我们将探究这种新的后股份公司制度的某些亮点。

第12章 一线曙光

本书第三部分的前三章强调了上市公司消失的某些负面社会后果：股份公司所支撑的社会保障网正在分崩离析；社会不平等正在上升；社会阶层流动性正在下降。但我们是否应该怀念股份公司的支配地位，以及是否应该设法重振股份公司的往日雄风？

接下来我们将描述由股份公司的衰落所带来的某些希望。虽然技术变革和其他社会变化导致股份公司变得不太可持续，然而它却开启了其他看起来全然不像"组织"的替代选项的空间。在过去的30年中，人们大规模合作的成本急剧下降，非股份公司的选择方式方兴未艾。Linux和维基百科的例子显示，数以千计分散于世界各地的人有可能共同生产令人称奇的免费产品；实际上，如果没有开源协作的产品，互联网几乎不可能发挥作用。智能手机的广泛使用使得"平台"将司机与乘客相匹配（像优步公司那样），以及其他人与人之间的交易也可以展开。这些平台不需要组织成股份公司，它们不像铁路，不需要太多的投资。我们还见证着分布在世界各地的低成本制造业的发展情况，在早期阶段，这种制造业的产品设计可以来自世界各地，而产品的生产甚至就在我们所在的街区进行。由于出现了这些允许新的组合方式的新技术，因此，新的经营方式多到了令人难以置信的地步。

股份公司将继续存在和盛行于某些行业，如炼油业、飞机制造业、铁路运输业以及基础设施行业，这些行业需要大规模地投资于长期资产，还有其他某些行业。但是它们会显得有些衰退，就像英国和丹麦的皇室一样，尽管封建制度已消失很久了，但皇室依然保留。

不合时宜的乡愁？

一个多世纪以来，"corporate"是一个修饰语，进步分子和其他人因上市公司形成经济势力的集中而深感痛心。特迪·罗斯福断言，巨型股份公司的成立伴随着一种必不可少的罪恶：它们必不可少，是因为越大成本越低；它们是一种罪恶，是因为公司高管和银行家不对公众承担责任，只对他们的股东负责，手中掌握着足以威胁社会民主制度的巨大权力。新型股份公司正在为少数人带来巨大的财富，然而却为民众所做的极少。新型股份公司的精英们似乎注定要创造一种新型的世袭贵族制。1916年任最高法院法官的路易斯·布兰代斯曾于1914年发表文章指出，神秘莫测的金融精英们正在利用他们强大的社会网络对国家经济进行幕后操纵。

进步分子的诊断听起来具有极其鲜明的当代风格。不受约束的股份公司势力，疯狂蔓延的社会不平等，不负责任的金融精英，被大量金钱腐蚀的政治，等等，罗斯福和布兰代斯的声音原本是可以在占领运动中响彻祖科蒂公园的。

从上述来看，认为股份公司的衰落绝对不是好事的主张似乎有点奇怪。本书前述已论证了我们这个社会当前这轮不平等的上升和流动性的下降不是因为股份公司的支配地位（就像进步时代那样），而是源自股份公司的迅速衰落。难道本书是在建议我们应该回到从前的日子、恢复单调乏味的生产线和更加单调乏味的三杯马提尼午餐吗？难道农民在摆脱了农奴制之后会渴望退回封建制的社会过日子吗？

经济转型是艰难的，其后果可能有利于某些人而不利于另外一些人。因摈弃旧的认识而引发社会巨变是从封建主义转向市场资本主义的必要条件。几乎没有人会拥护退回到封建社会，但是在我们研究某些问题可能性的时候，我们不应该低估将来面临的挑战。

新形式的寒武纪大爆炸

如果资金来源不是问题，那么，组织会以何种形式出现？如果使人们进行大规模合作——原本是政府和股份公司的领域——的成本急剧下降，那么，情况又会是如何呢？这就是我们当前所面对的局面。新技术特别是互联网极大地降低了人们协作的成本，新世纪头 15 年我们已经见证了新组织形式的激增中有许多是非股份公司；书籍和电影最先以科幻小说的形式首发（比如电影《未来报告》），而若干年之后却又变得像是纪实作品。如果每个人都携带一台设备，从而能够及时地获取全世界的资讯、便捷地与世界上各地的任何人进行瞬间的联系和协作，则情况又会是怎样呢？没错，这种设备就是苹果手机＋维基百科＋脸谱。原本看上去不可思议的事情迅速变为平平常常的小事。这种新局面的含义是无边无际的，不过，在这里我们要关注其中的一个方面：协作成本下降得如此之慢，以至于其造成的后果并非无足轻重。

人们有时会问："如果你不得不为生计而工作，那么，你会怎么过你的生活？"我们现在面临着这个问题的组织对等物：如果建立组织实际上无需成本，则你会如何建立组织呢？选择非股份公司的潮流最初发生在软件行业，激进主义者长期推动在软件业建立一种行为规范，即发布免费和开源的软件，使任何人都能得到他想用的软件。互联网强烈地依赖于这种免费软件。哈佛大学法学教授约查·本克勒曾这样写道：

> 免费开源软件程序大约占了网络服务器［服务器运行的软件，用来回应浏览器的访问（例如 Apache 和 nginx）］的 3/4，占网络浏览器（比如 Firefox 和 Chrome）的 70% 以上；在服务器端的编程语言方面，光 PHP 就占了 75% 以上的空间；在内容管理系统方面，Wordpress、Joomla 和 Drupal 一共占了服务器的 70% 略强；企业库存管理或统计软件 R 语言也是免费的开源程序。我们的网络化信息经济对免费软件的依赖程度大得令人难以置信。①

数以亿计的电脑和电话运行着各种版本的 Linux 操作系统，包括航空交通管制系统、银行以及核潜艇的电脑和电话。你此刻就可以免费下载 Linux 操作系统（搜索 "Linux 免费下载"）。但是，Linux 的创建者并不是一家股份公司或政府，而是一群分散在世界各地的平生素未谋面的编程者。他们在无组织

---

① 请参阅：尤查·本克勒（2013），"实用的无政府主义：对等互惠、市场势力和容易犯错误的国家"，《政治与社会》，第 41 卷，第 213～251 页。

的工作状态下编制出来的软件以市场的自我检验为基础,轻易地打败了由股份公司所编制的软件。

同样形式的分散化协作还创造了世界上最大的知识聚合体——维基百科。维基百科于2001年被推出,当时一共只有几十篇短文,人们根本想象不到它会在短短数年之内成长为世界上最常用的知识库。维基百科的使用是免费的,它的文章由匿名的义务志愿者撰写和编辑。单从这一方面来看,它显然是注定要失败的,并且任何理智的人都不会期望它发挥作用。然而,十年之后,恰恰是这部超级百科全书从未停止过扩充和发展。用任何合理的标准来衡量,维基百科都是一个奇迹。股份公司和政府不做这种事情(并且它们的介入通常不受欢迎)。维基百科证明了这样一种可能性:在没有集权机构负责的条件下,利用数以百万计的志愿者的努力来成就伟大的事情。正如本克勒所说的,"在21世纪的整个头十年中,基于公共资源的同侪生产(commons-based peer production)从被忽视发展到被嘲笑、被忧虑、被认为是另类或智力怪事,最后成为生活中正常的、不可或缺的一个部分"。

但是,软件与像维基百科这样的在线产品也许是不一样的。我们坐在电脑前就能做的分布式协作也许不会转移到现实世界之中,但我们却又一次见证了新型的产业和企业组织形式在其早期经历了爆炸式的发展。智能手机在2007年才上市,但是它已带动了许多新产业的发展。像优步和Lyft这样的叫车应用软件几乎迅速地获得了消费者的追捧,就像本书前面章节所讨论的那样,在2015年,(创立于2009年的)优步公司所拥有的美国司机要多于(创立于1908年的)通用汽车公司所拥有的北美雇员。近些年来,涌现了大量创新企业组织形式,其背后的基本认识是:如果每一个人都有一台带全球定位系统的智能手机,那么,人们就很容易创立相互出售商品和服务的平台。这种平台几乎不可避免地取名"优步"或其他,并且几乎不可避免地首先出现在旧金山。有优步杂货、优步打包、优步送花、优步街边代客泊车、优步洗衣、优步药用大麻、优步披萨、优步推拿治疗以及优步医生出诊等。[1]对于任何依稀可行的服务,只要有人愿意有偿地向他人提供,加利福尼亚就有人为这种服务开设一家优步店(让我们开始干吧:构想出这个应用程序的名字,

---

[1] 请参阅:杰弗里·A.富勒,"如今万事皆有优步",《华尔街日报》,2015年5月5日,http://www.wsj.com/articles/theres-an-uber-for-everything-now-1430845789。

然后在网上对它进行搜索，看看它是否已经被别人做过了）。

平台资本主义（一个比"共享经济"更加准确的术语）正处在发展的初期并且有可能朝着多个方向发展。在写作此书的时候，优步公司因将司机归入独立承包人而非雇员之列遭到猛烈的抨击。深层的法律问题依然没有得到完全解决。不过，无论如何，我们还不清楚"公司平台"是否必将盛行。诸如朱丽叶·肖尔这样的批评者也曾经指出，"平台本身未必增加许多价值，因此，优步公司可能被诸如工人所有制的出租车集体企业所替代"。① 微软可以说输给了 Linux，美国在线输给了一个免费网络，优步及其同类也许会输给开源平台软件。

到目前为止，我们所有的例子都来自广义的服务业：软件、在线内容、汽车服务平台。但所有这一切都适用于制造业吗？我曾经在第 7 章中顺便提到，在过去的 20 年中，诸如 CNC（数控机床）这样的资本设备的成本已经急剧地下降。这听起来有些令人费解，然而却具有重大的效应。50 年前，印刷彩色文档需要一大笔预算并需配备有专业工匠的专业打印店的服务。30 年前，一台彩色激光打印机可能需要花费 10 000 美元，只有企业和非常富有的人才能买得起。如今，一台彩色打印机的价格不到 200 美元，任何拥有个人电脑的人都可以用随处可得的软件印制自己设计的精美文档，这并不需要太多的技巧。之所以有这种可能性，这在很大程度上是因为软件在你点击了"打印"之后接管了文档制作。类似地，制作和分销音乐已经不再需要一个工作室或一家唱片公司，一台便携式电脑外加无线网络就可以搞定。

假如资本设备（生产制成品的机器，比如木材的刳刨机或者金属的铣床）的技术发展和成本下降的路径与激光打印机相同，那么，我们可以来考虑一下各种可能性会是什么，这与电脑数控机床所产生的情形相同。目前我们正到达这样一个阶段：有可能使每一个城镇装备使用电脑化设备的通用生产设施。或许"通用"一词有点夸大了——你所在的当地的创客空间（makerspace）可能还没有生产喷气发动机的设备，但是生产汽车的条件还不至于差得那么多。

我们已经了解到制造业企业的耐克化已经使产品设计从生产中分离出来

---

① 请参阅：朱丽叶·肖尔，"辩论分享经济"，《大转变倡议》，2014 年，http://greattransition.org/publication/debating-the-sharing-economy。

了。不难想象，低成本的定制型生产设备将导致大量制造业的"回岸"。许久以前，购买音乐的公众放弃了物理光盘，转而去购买 iTunes。为什么不能以同样的方式购买家具呢？也就是说，为什么不能从世界上最好的设计者那里购买设计方案并在当地的创客空间进行生产呢？[①]该理论支撑着安妮·菲尔森和加里·罗尔巴克尔的 AtFab；AtFab 提供巧妙的设计，这些设计均出自他们位于肯塔基州的工作室，可以下载、定制，可以在任何地方用客户想要的任何材料进行制作。正如他们的网站所描述的，"从设计到分销再到制造是一个全数字化过程，它杜绝了全球运送所造成的能源的巨大浪费，无需任何中间商，创造当地的制造业就业职位……家具由简单的平锁部件构成，其中的每一个部件都可以用电脑数控机床从现成的板材上切割下来，然后用简单而唾手可得的硬件组装起来"。[②]文件是开源的，家具的组装也不需要太多的技能。

显而易见，这种模式将设计与制造完全分离开来，使宜家完全摆脱了制造和分销业务，只销售它的设计。宜家产品目录中的大部分产品已经可以用价值 20 000 的刨削机和少量的其他机器来进行生产，并且可以为独立制作而对产品设计进行优化。不过同样显而易见的是，开源的协作设计有可能最终完全取代公司的专有设计——想想 Linux 和维基百科吧。2014 年，非营利性的莫齐拉基金会发布了一款成本仅为 25 美元、面向新兴市场的智能手机的设计，该款手机将使用其开源的火狐操作系统。[③]它不像苹果手机那样花哨，但它的成本却要比苹果手机低得多。虽然这一吃螃蟹式的尝试算不上什么极大的成功，但它确实展示了其他非公司设计的可能性。

虽然一切都为时尚早，然而有一件事情是清楚的：我们正在被卷入生产、交付产品和服务的新型组织形式的大规模扩张之中，只是目前我们还不清楚股份公司最终能否获得成功。正如进步主义在 20 世纪的前 50 年里决定了股份公司的发展一样，政治运动必将以各种方式决定这个社会的新兴经济制度。我们将在下一章重新讨论这个问题。

[①] 请参阅："在 iTunes 上买家具：'本食者'生产世界里的创造性毁灭"，《企业可持续性的网络》，2012 年 11 月 7 日，http://nbs.net/buying-furniture-on-itunes-creative-destruction-in-a-world-of-locavore-production/。

[②] 请参阅：菲尔森和罗尔巴克尔，《AtFab》，http://filson-rohrbacher.com/portfolio/atfab/。

[③] 请参阅：奈特·兰克森，"这是火狐智能手机——它为何存在？"Wired.co.uk，2014 年 2 月 26 日，http://www.wired.co.uk/news/archive/2014-02/26/firefox-os-25。

股份公司将在哪些领域继续存在下去？

在很多领域，股份公司将不再是最经济的经营方式。但是，在另一些领域，大规模经营暂时看来似乎不可避免。在这些领域中，股份公司必将继续存在下去。本书的论点一直是：股份公司特别适合于一家20世纪类型的特别企业。如果存在风险、规模经济（越大越便宜）以及相当长的时间窗口的预期，则上市公司是有意义的；如果风险不大，则银行就愿意向企业提供资金；如果不存在规模经济，则由家族或小型投资者提供资金的小企业是有意义的。如果经营项目是短期的，则没有理由去承担公开上市的交易费用。19世纪的铁路符合这种描述，20世纪的大规模型制造业也符合这种描述。如果技术变革弱化了规模经济效应或者缩短了经营项目的时间窗口，则公开上市就有可能不是最经济的选项。本书前述已经证明，这种情况在许多不同的行业已成为事实。

但是，某些活动依然要求庞大的规模和资源，我们不可能在短时间内看到某地炼制的开源石油成品或者在创客空间里制造的开源喷气式飞机。埃克森美孚公司——标准石油公司的后继公司之一（初创于1870年）——可能已经在公司界实现了永生（也许只有通用电气公司才能与之相提并论）。只要这个世界有石油需求，只要美国民众继续反对企业的国家所有制，则石油公司就很有可能依然是公司的存在物。铁路公司也需要花在土地、轨道、轨道维护以及全部车辆上的资本，不可能通过开源软件或者精巧的手机应用程序而减少这些东西的使用。飞机制造也要求有规模足够大的资本，这使得非公司（以及非政府）的备选方案变得难以执行。

在不远的将来，某些基础设施的生产将保持股份公司的形式，但可能面临挑战。目前，电话网络似乎符合上市公司的必要标准，所有那些埋在地下的管线需要提供资本来安装和维护。但是，固定电话已经日益地被移动电话取代了；对于移动电话来说，"长途电话通讯"的想法似乎已经离奇有趣；随着Wi-Fi的获得越来越方便，传统的蜂窝式电话有可能被Wi-Fi电话所取代。如果你能免费得到Facetime和短信应用程序，为何还要向美国电话电报公司或者威瑞森公司购买电话服务呢？类似地，有线电视似乎是垄断利润的不可撼动的来源，并且很有可能保留在上市公司的手中。但是，如果社区拥有的无线网格网络变成一种切实可行的高速互联网的接入方式,则消费者也许能彻底摆脱他们的有线服务提供商。如果拥有一台价值 25 美元的 Mozilla 电话机和一台价值 200 美元的便携式电脑,以及廉价的社区无线服务,则许多家庭也许不再需要有线电话服务了。从未有过固定电话或"长途"电话服务提供商的一代人,可能非常满足于通过 Wi-Fi 电话应用程序进行人际联系,不过,这也给电信公司和有线电视公司的商业模式带来了压力。

最后,太阳能电池板和家用电池组的成本及性能最终将到达如下程度:社区电网可以替代当地的电力公司(也许甚至是石油公司)。它不会在 2018 年之前发生,但是它很有可能那之后发生。

再见,华尔街

在这个关于上市公司衰落的故事中,存在另外一种可能的希望:华尔街或许即将衰落。这是好事还是坏事?这要因读者而定。世界上也许没有哪一个国家像美国那样将金融市场置于其经济和社会的核心地位。美国的上市公司数量历来要远远多于其他国家(尽管印度在市场崩溃后的 2009 年已经超过美国,而日本则接近于美国)。美国上市公司的总市值通常大于它的国内生产总值(GDP)(见图 12.1)。美国也有非常大的一部分人投资于股票市场。世界上没有哪个国家的民众像美国的民众那样密切地关注股票市场的波动。

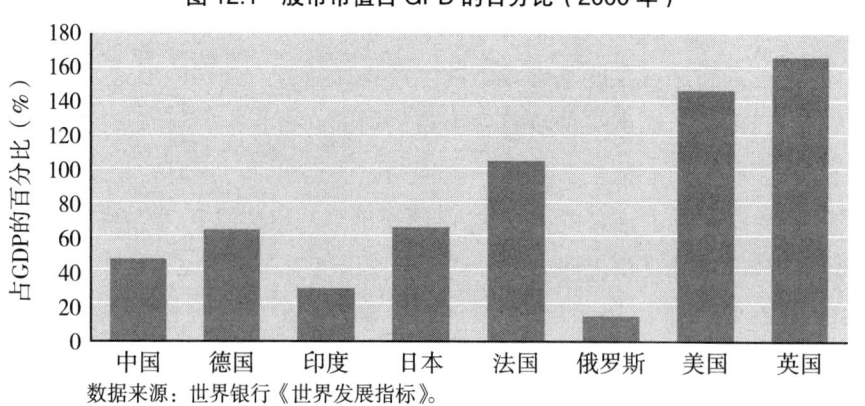

图 12.1　股市市值占 GPD 的百分比(2000 年)

数据来源:世界银行《世界发展指标》。

第 12 章 一线曙光

美国股份公司的独特历史是决定美国金融市场中心地位的原因之一。正如本书前述章节所描述的那样，为满足整个大陆市场的大规模生产，意味着企业需要大量的资本，而股票上市最容易满足这样的资本需求。造成美国金融市场独特性的另外一个原因是金融机构在历史上被区分为"商业银行"和"投资银行"：商业银行通常吸收存款并向企业发放贷款；投资银行则认购股票和债券，使其可供在金融市场上销售。

在许多工业化国家以及今日的美国，与大企业合作的大银行叫全能银行。但是在美国，特别是在《1933 年格拉斯－斯蒂格尔法案》实施之后，上述两类银行被严格地区分开来了：华尔街主要由独立的投资银行构成，它们可以承销证券（股票和债券），但不能发放贷款；而银行监管制度允许每一个大城市拥有一家或多家地方性商业银行，这些银行可以发放贷款，但不能承销证券。这种局面一直持续到《1933 年格拉斯－斯蒂格尔法案》被废除的 1999年，是花旗银行和旅行家集团（包括所罗门兄弟投资银行）的合并在一定程度上促成了该法案的废止。

通过设立一个专注于金融市场的独立行业，这种业务领域的划分就产生了基于金融市场解决方案的支持者。一位德国全能银行的经理可能会告诉一家寻求资本的大公司的董事会："我们可以给你们发放贷款，或者为你们承销一批债券。让我们看看哪种方案最好。"但是，一位美国银行家只能做其中的一件事情。这有点类似于找外科医生寻求医疗建议的病人。外科医生擅长某种类型疾病的治疗，但可能不那么善于其他类型疾病的治疗。类似地，投资银行家多半倾向于采用基于金融市场的处理方案。

在 20 世纪的大多数时间里，投资银行业受到严格的管制，运行得像公用事业一样，薪酬制度也相差无几。本书前述第二篇描述了里根时代的改革，它创建了一个强化型循环：华尔街和金融市场变得更富有、更强大。到 20 世纪 90 年代，投资银行家占据国家行政部门的许多职位，甚至上至财政部部长。毫不奇怪的是，他们倾向于实行有利于金融市场的政策（当然，我们曾经有机会反思这种狂热，尤其是在 2000 年和 2008 年）。

但是，如果不再有获取资本的限制——如果公司经营业务所需的资本不多，那它确实可以避免到金融市场上筹集资本——那么，华尔街就会变得不那么重要。我们已经看到，首次公开募股的公司数量从未恢复到 20 世纪 90

年代之前的水平。尽管有《就业法案》和大量的其他鼓励措施，但一些公司有足够的理由维持私有状态和完全避开股票市场。丹尼尔·莫里尔是一家名为 Mattermark 的公司的首席执行官，《纽约时报》是这样引用他的话的："如果我能从私人途经获得 2 亿美元的资本，那么，是的，我就不想让我的公司受一帮不懂我的业务的乌合之众的监督……那对我来说真的很可怕。"[①] 如果持续的实践证明引导资本的其他方式是有效的（例如，私募股权而不是公开市场），则公开上市的需求量会下降。

当然，也存在抵消性的力量。证券化需要投资银行的功能，而上市公司并不是债券的唯一发行者，州政府和市政府也发行债券。但是，随着媒介资本的其他平台迅速增加，我们可以看到华尔街正在回归它的传统功能。

结　论

上市公司衰落造成的后果是，社会保障网弱化、不平等程度上升以及社会向上流动性程度下降。股份公司是支撑美国经济制度、提供稳定性和机会的支柱。

但是，另一方面，股份公司制度长久以来被描述为具有其自身表现形式的封建主义。股份公司制度的衰落为新的经济组织形式的诞生迎来了机会，这些新的经济组织形式更局部、更民主、更具有环境的可持续性。我们已经在本章里描述了它的某些发展趋势，在下一章中，我们将考察可供选择的未来之路。

---

① 请参阅：法尔哈德·曼乔，"随着更多科技型创业公司选择不上市，钱也保留在股市之外"，《纽约时报》，2015 年 7 月 1 日，http://www.nytimes.com/2015/07/02/technology/personaltech/as-more-tech-start-ups-stay-private-so-does-the-money.html。

第四篇

现在该怎么办

在20世纪的大部分时间里，美国股份公司充当着经济稳定的基础。而在过去的二三十年中，它的间歇性消失给社会带来了许多挑战。本篇将描述将来有可能出现的某些情况：一种可能性是反乌托邦式的，即经济日益变得两极分化，其中一极是少数富人，另一极是大量的穷人，穷人竞相通过各种即时应用程序向富人提供个人服务；另一种可能性是我们拥有地方主义复兴的基本条件，而全球的关联性——在旧的股份公司经济的废墟上建立起来的"世界性偏爱本地食品主义"——又增进了地方主义的复兴。正如为应对20世纪初大型股份公司的兴起而采取的措施那样，我们选择的路径取决于政治事务和社会运动。

对于个人来说，将来会是一种什么样的情形呢？以及，我们今天应该为一个20岁的年轻人提供什么样的建议呢？在电影《毕业生》中，适合于1968年应届毕业生的建议是"塑料"，20世纪80年代是"华尔街"，90年代是"互联网"。但是，自从2000年互联网泡沫破灭之后，我们再也难以找到任何在事后看来是明智的指导意见了（"按揭经纪人"？"炒房者或房屋中介"？"法学院"？）。伴随着自动化和全球化的威胁，如今人们的工作职位面临着"优步化"的风险：从连续的工作转变为按件收费的间断任务。从开出租车到诊断和治疗疾病，这些原本被认为是不受离岸外包影响的个人服务正在加入按需定制的经济之中，没有契约约束的自由工作者在这种经济中竞相为固定费用而提供服务。当今的发展历程告诉我们，离散技能（比如电脑编码中的技能）可能给人们提供不了某种安全感，如果通识教育所具备的几十项常用技能不断地与时俱进，那么它可能才是最好的行动方向。

第13章 后股份公司时代的可能未来

美国大型股份公司的衰落给美国社会带来了一系列的异常状态：蔓延的不平等、低下的流动性以及混乱的社会保障网。我们没有多少理由认为大型股份公司正在卷土重来，更别提以大型股份公司的方式卷土重来。星佳公司（Zynga）不会长成西屋公司，脸谱公司也永远不会像美国电话电报公司那样在20世纪70年代那样聘用大量的员工。

我们正处于第三次工业革命之中。每一次工业革命都有几种标志性的技术——蒸汽机、流水线、智能手机，并且每一种技术都以新的方式将人们融入生产组织中。但是，技术并不能单独决定这些组织所采用的具体形式。不受约束的市场所造成的不平等引致了社会运动人士的反对。政治斗争驯服着市场，使其为人类的需求服务。

本章即将描述两种可能出现的未来：首先是无所不在的优步化，即工作职位被彻底分解为按需定员的任务。这是通向"不稳定型无产者"的道路，市场到处蔓延，经济不确定性无处不在。其次是社会团体重新成为经济活动的中心。我们具有地方主义复活的基本条件，而全球的关联性——"世界性偏爱本地食品主义"建立在旧的股份公司经济的构成要素之上，目的是创造更民主、更公平的经济——又增进了地方主义的复兴。

工业革命与社会变迁

美国经济正在经历的转变并非前所未有，有的学者将这种转变定义为"第三次工业革命"。[①] 前两次工业革命都引起了剧烈的社会变革，经济和政

---

① 请参阅：杰里米·里夫金（2011），《第三次工业革命：侧向力是如何改变能源、经济和世界的？》（纽约：帕尔格雷夫—麦克米兰出版公司）。

治在人员和生产技术组成的组织方式上发生了激烈的冲突。最早的工业革命发生在 19 世纪初前后的几十年时间里。蒸汽机的发明为工业产品和设备运输提供了动力，制造机械（例如棉纺织机械）的发展永久性地改变了商品的生产方式。生产率的迅速提高带来了前所未有的经济增长，然而，工业化和城市化也引发了大规模的社会混乱。像曼彻斯特（英国纺织业中心）这样的城市，肮脏、危险和混乱不堪。工业的扩张几乎毫无约束，导致工厂里童工的广泛使用、残酷的工作时长，底层社会人员面临着危险的工作条件，而上层人员却获得了巨大的财富。"黑暗的魔鬼工厂"最终不得不产生对它们的相应约束规制，包括工会的诞生、童工法律以及最早的社会保障网。

第二次工业革命发生在 20 世纪初前后，它包括大规模的生产和运销的发展。低成本的钢铁、铁路以及 19 世纪后半叶发展起来的电力，为新的产业及其生产方式（比如自动装配线）的激增打下了基础，大规模生产的方式并不仅仅是安排机器的一种方式。彼得·德鲁克曾于 1949 年这样写道：

> 在亨利·福特为生产 T 型汽车而提出大规模生产的原理之后的 40 年，现代产业组织所带来的社会基础的转型在速度、普遍性和影响力方面都是史无前例的……大规模生产的原理并不仅仅局限于制造业的特殊原理方面，它还是适用于联合工作的人群组织的一般原理，这一点如今已经变得十分清楚了。[①]

正如我们所看到的那样，股份公司常常最有效地采用了这种技术。在早期阶段，大规模生产的技术在给上层社会带来财富的同时也给下层社会带来了困苦。本书第 3 章描述了进步主义运动如何驯服现代股份公司并为集体利益而利用它的生产力，尽管为了达成体现在《底特律条约》上的协议，这一运动耗时长达几十年，甚至经历了大萧条、第二次世界大战以及影响深远的劳工运动。

新型的基础设施特别是计算机、互联网以及移动电话，引发了第三次工业革命。如果蒸汽机是第一次工业革命的代表性创新、T 型车是第二次工业革命的典型技术的话，则智能手机就是我们这个时代的化身。如果曼彻斯特

---

① 请参阅：德鲁克，《新的社会（一）：大规模生产所引发的革命》，第 21 页。

是 1816 年全世界经济的中心，底特律是 1916 年全世界经济的中心，则硅谷就是当今世界经济的中心，尽管许多最新的创新技术实际上并没有固定的地点。德鲁克指出，大规模生产是"联合工作的人群组织的一般原理"。信息和通信技术提高了分散在全球各地的人员进行低成本协作的能力，因此我们正在见证着类似事情的诞生和发展。诸如 Linux 和维基百科这样的开源努力的成果在协作创新上的重大意义堪比大规模生产，智能手机不但带来了在线协作，而且还带来了当场合作。

就像前两次工业革命的伴生物一样，新技术正在带来越来越多的社会混乱。这种混乱始于传统股份公司的崩溃，但意义又远远超出了它的范围。什么是雇员？什么是公司对社区的责任？"社区"是否应该成为当今分散型公司的构筑物，甚至公司是否能生存下去？

在每一次工业革命中，不是技术或"市场"决定着未来的发展趋势，而是政治斗争驾驭着这些新的力量。第一次工业革命兴起了劳工组织，股份公司的大规模生产带来了进步主义和产业工会。本书前述已指出，正如我们所知道的那样，股份公司不再是默认的成本最低的企业组织形式。新的企业组织形式正在带来越来越多的新的挑战，将 1910 年或 1935 年的有效政策当作今日的最优政策反应是没有什么意义的。本章试图预测将来某些可能产生的情形。当然，在技术变革和社会变迁的时代，或许预测将来的努力往往得不到理想的结果，比如，在本世纪初，美国在线和雅虎公司统治着互联网行业，安然公司是最具创新性的美国公司，谷歌公司的搜索算法还没有获得专利，微软是势不可挡的垄断企业。不过尽管世事变幻、沧海桑田，但无论怎样，我们至少可以对某些可能性进行大胆的推测。

原材料

电影《阿波罗 13 号》中的一个著名的场景展示了在极端约束条件下三名宇航员背后的团队成员的智慧和创新。他们三人待在设计容量为两人的太空舱内，因为耗氧量的增加，致使舱内二氧化碳量正逐渐上升至有毒的水平。为此，地面的支持团队需要随时提供解决办法来拯救宇航员的生命，但是该团队只能利用太空舱内的宇航员所能获得的材料。他们将解决问题的材料都倒在会议桌上,然后开始忙碌并设计出好使用的二氧化碳洗涤器以及一系列的构造指令,使用的材料包括氢氧化锂罐、太空服软管、两个袋子、两双袜子、飞行手册的封面、一根弹力绳以及胶带。最后,该团队成员们终于使宇航员们得救了,而我们现在也有了完美的说辞,即我们用现有的材料促成了制度的创新。

构建后公司时代的制度的有关原材料是什么呢?首先,从服务器托管软件到手机操作系统再到集体行动的应用程序,开源的软件工具既免费又丰富,几乎任何人都能通过免费的在线资源学会基本的编码技巧。[1] 在进行软件和内容的大规模协作上,我们已经拥有了成熟的模式。

其次,从路由器到 3D 打印机,资本设备持续变得越来越强大、成本越来越低廉。在不远的将来,我们将获得近乎万能的制造设备,而这种设备并不像我们所想象的那么昂贵。每个地方定制化设计的按需生产很快就会变成真实可信的事情,正如每个村子都拥有一家铁匠铺、每个社区都拥有一家工厂一样。[2]

第三,从 2007 年到现在,智能手机迅速地由新生事物并仅为少数人拥有变为世界上几乎普及的大多数人的必备产品。许多美国人与他们手机的距离从来不会超过 5 英尺,除非他们在健身房或游泳池里,他们的手机始终保持在开机和连接状态。

第四,如今 30 岁以下的那些人被培养成了数字原生代,他们对在线技术最得心应手。他们从小就相信,这个世界的知识都可以通过他们的手机而即刻获得。对于我们这些人来说,以教育数字原生代为生可能是一个挑战(如果你问问某所学校某个班的大学生"有多少个总统是左撇子的",或者"峰度的公式是什么",或者"电臀舞起源于哪里",那么,你会迅速变得谦卑),但是,许多人认为有问题就有解决办法,不管它是小问题("从这里骑车去老虎体育场的最佳路径是什么?")还是大问题("我家的房子被雪封住了,我妻子即将临产,我如何接生婴儿?"),而且如果他们有自己的解决方案,通

---

[1] 密歇根大学的 Chuck Severance 博士提供了一个极好的免费在线 Python 编码课程,网址是:https://online.dr-chuck.com/。

[2] 你可以在 100kGarage 上学习到更多关于分布式制造的知识并亲自参与其中,网址见:http://www.100kgarages.com/。

常会发到网上，让每一个人都知道（关于最后一个问题的求助请访问：http://www.wikihow.com/Deliver-a-Baby）。

最后，我们面临着灾难性的气候变化，这要求全球——特别是富裕的国家——减少碳排放量。但是，可再生能源特别是太阳能，已经到了具有成本竞争力的地步。不像煤炭和核能，各地利用太阳能来发电往往是最高效的。这提示我们，在城市或社区的水平上建立将来的电网也许是最优的。我们接下来将研究如下问题：为建立反乌托邦式或者乌托邦式的将来社会，将那些原材料结合起来的某些可供选择的方式是什么？

反乌托邦式的选项：无所不在的优步化

在短短五年的时间里，优步公司从一个疯狂的想法（你躺在床上的时候可能会冒出如下想法："要是你能用手机的全球定位系统叫车并用手机支付车费，要是地图可以显示司机的位置，要是我能看到他们的图像和前面的客户对他们的评价，要是司机也可以反过来对乘客进行评价……"）成长为一家全球性的大公司（在30个国家从事经营活动，拥有几十万的司机和几百万的客户）。正如本书第12章所讨论的那样，如今各行各业都有"优步"，就像流水线一样，在线平台这个创新与其说是一个根本性的技术突破，不如说是现有技术给企业组织带来的新型协作方式。

优步最重要的作用，其实并不是它对出租车行业正在做出什么（2015年6月，罢工的出租车司机停止了巴黎的出租车运营。这一事件生动地告诉我们，出租车行业无疑是很重要的），而是它对于劳动力市场和就业方式的影响。这一平台为买方和卖方（在优步的例子中，他们是乘驾双方）创造了一个进行实时接触并达成协议的市场。驾驶员不是按小时获得工资，而是在完成一项任务后获得相应的报酬。我可以雇用承包人，比方说雇用四个小时，去做"任何我要求的合法事情"。在晨间时段，这样的劳动力市场已经存在于美国各地的家得宝（Home Depots）停车场，如果人们需要当天的工作人员（整理院子，或者收割作物，或者从事轻型建筑工程），可以在那里按双方协商的工资招人。经济学家管这种市场称为即期劳动力市场。

诸如优步这样的平台可以轻松地为各种劳动力创造即期市场。诺贝尔奖获得者罗纳德·科斯在 1937 年写道："设立企业而有利可图的主要原因似乎是使用价格机制存在成本。通过价格机制来'组织'生产的最显著的成本是发现相关价格水平。"① 平台使得劳动力和其他投入品的价格发现变得更加便捷，它降低了人们借助市场进行交易的费用，致使企业的替代选项变得更加经济实惠。它还创建了虚拟版本的每日清晨时段的家得宝停车场，而其交易任务却远远超出了整理院子这样的活动。

假设有一款像优步这样的应用程序，而潜在的服务提供者在上面发布自己的基本信息，以展示他们拥有特定技能的相关证书（如庭院杂务、Python 编码、肾脏移植等）和他们的用户对他们的评级或者赞赏。而需要一天服务的人可以贴出虚拟注册表，这样，拥有相关技能的潜在服务提供者就可以为比如排名前五的位置而竞相投标，最终那些"胜出者"会自己找到工作地点。现在美国所有不能离岸外包出去的低技能手工工作职位，全都通过竞争性投标过程按天数选择工作人员（这些工作职位属于两极化劳动力市场的低端部分）。这些工作职位大多可以迅速转变为任务，而雇员将变成承包者。这种转变将不会停留于低技能的任务上。我们通常认为医生处于劳动力市场的另一端，但实际虚拟就诊的应用程序使病人可以描述自己的症状（在合适的时候，就用他们的手机或者平板电脑的摄像头），与实际的医生交谈并获得诊断和治疗计划。尿路感染是否需要抗生素处方？有一款应用程序可以解决这个问题。② 谁曾想到过医生最终会在呼叫中心工作并按件收取报酬呢？

这种愿景将服务的提供者想象成或多或少是可以相互替换的。你看哪个医生并不重要，因为他们都知道如何治疗尿路感染。但是，公司文化呢？如果任何医生都可以轻易地被替换掉，那么，公司为何还要如此费劲地去撰写诚挚的公司使命宣言、选择合适的人员并使他们融进独特而有远见的公司文化之中呢？某些公司这样做了，某些公司还将继续这样做。但是，工作的设计不是固定不变的：技术的变化带来了工作组织的创新。如今，流水线的成熟版本被设计成只要求尽可能少的技能和培训，工作极其单调和乏味，人员

---

① 请参阅：罗纳德·科斯（1937），"企业的性质"，见《经济学期刊》，第 4 卷，第 386~405 页。
② 请参阅：艾比·古德霍格，"现代医生的家庭电话：Skype 聊天和即时诊断"，《纽约时报》，2015 年 7 月 11 日，http://www.nytimes.com/2015/07/12/health/modern-doctors-house-calls-skype-chat-and-fast-diagnosis.html。

变动率高居不下，为此相应地设计工作职位，以使员工可以轻易地被替换掉。自动化的流水线已经提供了自己的监督方式，而这种情况同样发生在以平台为基础的工作上。

如今，大型的零售店和餐馆已经采用电子化的流水线，后者使用人员管理系统：对收银员的考核一直都是根据他们每时或每天扫描每件产品并完成每项交易的速度而进行，对销售员的监测则是以他们每天全天的商品销售量和提升销售的有效性为基础的。该系统只需少数的人力资源经理，因为全视的人力资源部工作人员在公司的营运中心对雇员进行评估和比较。① 在越来越多的连锁餐馆中，顾客可以在平板电脑上下单并且用信用卡结账；对服务员的评估标准不仅仅依据他们的销售额，而且还包括顾客用餐后对他们的打分。② 管理人员不再需要处理令人头痛的雇员安排问题，也不再需要倾听雇员悲伤地叙说因周六将要参加其祖母的葬礼而不能来上班，这些事情都会由算法程序搞定。③ 人员管理软件的设计者是科学管理和恐怖的工效研究之父弗雷德里克·泰勒的继承者。

如果你是一个有效率意识的信息技术顾问，并且正在用现有的工具构思零售管理的新理念，那么，你就可以考虑采用零售优步。"伙计们"（最低工资的零售店雇员免不了被这样称呼）非常不喜欢算法程序的安排，他们讨厌必须工作到打烊，第二天接着打开店门，再打烊，再开门，然后在他们迫切需要工作来支付房租的时候却要休息5天。另外，目前健康保险的新规则以及兼职和全职的界定也是个棘手的问题，因为消费者还没有对自助结账做出良好的反应，因此一时还难以完全摆脱人工操作。为此，将这一理念引入一些商店，使这些商店的全部职员都成为基于应用程序的承包人，通常这些承包人被称作"个体经营的微型创业者"。这些承包人可以根据自己的工作时间

---

① 请参阅：杰拉尔德·F. 戴维斯（2010），"工作职位设计符合组织社会学"，《组织行为学杂志》，第31卷，第302~308页。
② 请参阅：斯泰茜·瓦内克·史密斯，"电脑平面接管了餐厅服务员的部分工作"，《星球货币》，2015年5月29日，http://www.npr.org/2015/05/29/410470091/computer-tablets-take-over-part-of-restaurant-servers-job。
③ 请参阅：乔迪·坎特，"在朝九晚五之外的时间工作：日程安排技术给低收入的孩子父母留下混乱的工作时间"，《纽约时报》，2014年8月13日，http://www.nytimes.com/interactive/2014/08/13/us/starbucks-workers-scheduling-hours.html。

在不同的商店工作，想倒几个班就倒几个班（注意：前提是你得有班可倒），自己想休假就去休假！价格飙升！享受有趣的 gamefied 竞赛吧，看看谁开始换班了！

指手画脚的政府官僚也许会强调这些人是公司雇员，为了在法律上给他们形成一个潜在的约束，要求每一个承包者都创立一家有限责任公司，并且为了成为一个"特许经营者"而支付一笔认证费（这样的事情已经在建筑业和清洁服务业中发生过[①]）。作为特许经营资质的一部分，他们可以接受不同任务的培训和认证，这跟信息产业的情况一样。如果刚毕业的大学生为了获得某些公司的入门机会而愿意无偿地去做实习生，那么，为何不对他们迈出下一步并收取相应的费用呢？一些大学一直在告诫它们的学生要有创业精神、要掌握自己的命运。收费服务为大学生们投身创业提供了一条进入通道，是对那种号召的响应。平台将取代作为雇主的股份公司，使任务与微型公司相匹配。

如果你是一个 22 岁的自由论者，喜欢艾茵·兰德的小说，那么，你将因此而强烈地感受到股份公司那"天堂般"的景象。股份公司是一个小型的社会主义社会，雇员的工作和职业的报酬不是根据他们当时的市场价值来支付的，而是根据某些有关美德、资历和公正的官僚规则来支付的。那么，何不将市场力量引入尽可能多的人际交往而消除非市场制度（诸如内部劳动市场）的扭曲效应呢？对此，你要么逃离股份公司的种植园自由自在地活着，要么去死！另一方面，如果你的年纪超过 22 岁，已经申请了按揭贷款，或者必须抽出时间去看病或生孩子，或者将来的两个或两个以上的学期有某种计划，那么，你也许会从这种市场无所不在、无时不在的世界里看到某些缺陷。

保障各级技能水平的劳动力的即时需求是优步的真正意义所在。它是就业领域的"灰色黏质物情形"。灰色黏质物的方案归功于埃里克·德雷克斯勒，他构想自我复制的纳米机器人吞噬了所有的地球生命，最后在地球表面上留下了大片的灰色黏质物。优步化的扩散有希望淘汰许多传统的就业方式，这有利于按需定制的任务。如果没有社会和劳动力市场的改革，这也许是最合理的未来情景。

---

① 请参阅：劳伦·韦伯，"老板为降低成本而对工人们进行重新分类：审视与承包商的关系而形成新的战略",《华尔街日报》，2015 年 6 月 30 日，http://www.wsj.com/articles/bosses-reclassify-workers-to-cut-costs-1435688331。

乌托邦式的选项：本地经济的复兴

技术不是命运。同样的技术可以引发灰色黏质物的情形，也可以有助于带来非同寻常的未来。但是，正如以前的工业革命一样，这需要政治和社会运动的大前提，否则放任的市场力量将会把我们引向黑暗的数字化"撒旦工厂"，亚马逊的土耳其机器人已经显露出这种迹象。在这一机器人平台上，"工作者"对在线的人类智能任务（HITs）的竞争是激烈的、全球性的、残酷无情的，他们往往为了获得报酬微薄的任务而竞相报出最低的工资要求，虽然他们因此而获得可观收入的情形并不少见。[1] 随着越来越多的任务变为竞争对象，优步化预示着更多的这种动力。人们生活严重陷入了没有稳定收入和前途的境地。

当然，事情并非必然如此。监管机构和法院依然对就业的界定具有某些控制力，数字贫困化并非不可避免。不过，一个更好的将来需要某些社会运动和采取一定的政治行动，以及要求人们对取代股份公司的某些经济制度进行反思。股份公司不仅仅提供商品和服务，或者仅仅提供股东价值，它们还向其雇员提供工作职位、福利、经济保障，以及满足一些通过市场难以实现的要求和条件。

值得提醒我们自己的是，公司本质上是手段而不是目的。正如我们可能拥有一辆卡车以便运输物品一样，我们创立并经营股份公司的目的是获得别的东西。人们可能变得相当地珍爱他们的卡车，或者满腔热情地投资于他们的股份公司，但是，只有把它们当作手段并且关注目的，我们才能得到更好的服务。我们得到什么服务？如果股份公司不再能够提供长期的经济保障，何种可供替代的制度安排能够提供？什么样的制度安排能够代替股份公司来改善我们的福利？这些安排可以在哪些方面加以落实？

丹尼尔·贝尔于1987年指出，随着国际经济变得更加一体化，民族国家正在分裂。他的判断是："对于生活的大问题，民族国家太小了；对于生活的小问题，民族国家太大了。"[2] 他的洞见随着时间的推移而变得越来越正

---

[1] 请参阅："你机器里的人"，《NPR 星球的金钱》，第 600 集，http://www.npr.org/templates/transcript/transcript.php?storyId=382657657。

[2] 请参阅：丹尼尔·贝尔（1987），"2013年的世界与美国"，《戴德勒斯》，第116卷，第3期，第1～31页。

确。气候变化是一个全球性的问题，个别国家似乎无能为力；流行病跨越国界；国家税收系统有利于那些足够狡猾的人，他们将钱财存放在离岸避税天堂；国际恐怖主义集团不断地进行跨境活动；国境线并没有囊括我们的全球性问题。但是，在保障地域安全、保证儿童健康或者解决道路坑坑洼洼等问题时，各国政府也难以胜任，部分是由于如下矛盾，我看到了失败的民族国家、准国家（例如 ISIS）、分离运动（苏格兰、加泰罗尼亚、魁北克、得克萨斯）、超国家联盟中的紧张关系（例如希腊与欧盟之间），以及各国人们对城市市长的惊人热衷。①

环境问题作家比尔·麦吉本建议，机构规模的大小和所处的地理位置应该与项目的大小相匹配。②从某种意义上说，人们可能觉察到一些机构正在往这个方面调整，因为市政或地区当局似乎是解决许多集体问题的最合适的机构。值得注意的是，社区层面的赋权对于左、右两派都有吸引力：左派畏惧冷漠的巨型股份公司，右派厌恶集权型政府。双方都看到了地方控制的吸引力。

重心转向社区，而不是民族国家或者股份公司，也符合我们已经讨论过的某些技术发展。技术日益地有利于分布式制造，因为可以在城市或者社区级别生产廉价的电脑数控和 3D 打印设备。在过去的二十年中，本土的咖啡烘焙机和酿酒厂蓬勃发展。如果家具能够用你所选的材料在你自己的社区里按需定制，那么为何还要从中国进口扁平盒装家具？此外，由于开源设计可以从网上免费获取，因此家具和其他商品可以轻易地定制并一次性生产。如果在线的街坊市场允许互换或者物物交换，那么为何还要购买全新的产品呢？诸如 Nextdoor.com 这样的网站表明，高度地方化的社会网络可能特别有用。如果街坊可以将各自高质量的工具通过 toolshare 应用程序进行分享，那么为何还要自己购买廉价的割草机和带式打磨机呢？杰西卡·戈登·内姆布哈德教授指出，即使没有智能手机应用程序所带来的帮助，非洲裔美国人社区也早在数代之前就率先拥有许多共享性的复杂制度和社会习俗。③各种共享应用程

---

① 请参阅：本杰明·巴伯（2013），《如果市长统治这个世界：不正常的国家，上升中的城市》（纽黑文：耶鲁大学出版社）。

② 请参阅：比尔·麦吉本（2011），《地球：在一个艰难的新星球上谋生》（纽约：圣马丁出版社）。

③ 请参阅：杰西卡·戈登·内穆哈德（2014），《集体的勇气：非洲裔美国人合作经济思想和实践历史》（宾州大学园区：宾夕法尼亚大学出版社）。

序使得 Zipcar、Airbnb 以及其他在线市场能够被用于一系列的非市场型情形。

基础设施也可能有利于本地政府和机构。街坊太阳能电网有很多可取之处，街坊一级的无线网格网络可能是提供互联网接入的可行的替代手段。随着股份公司的兴起，本地的经济制度基本上都被替代了，但是我们可以把它重新恢复起来。

大型组织也可以因信息和通信技术的升级而改变。与前述章节所提及的全承包商组织形成对比，利润归劳动者集体所有并管理的公司应该怎么办？我们可以让技术推动决策过程的民主化并在决策中利用劳动者的洞察力，而不是将技术设计成使劳动者的匿名程度和互换程度达到最大化。[1] 并不是所有的决策都需要一个市政厅集会，许多决策只需要在智能手机上进行快速的签到（"为这五种选择进行排序"）即可。将使通用汽车公司转变为基布兹的工厂的民主制度的应用程序在哪里？

之所以我们没有看到更多的社区平台，原因之一也许是新创立的公司的发展模式以风险资本 / 公开上市为主导，这种发展模式有利于能将公司迅速做大并出售的商业模式。另一个原因是，早期的软件主要由营利性提供商供给，而开源软件只是到了后来才获得它应有的突出地位。

关于社区层面的组织的一个顾虑是它的范围可能有限。当然，这并不是重归乡村生活的借口。世界上的许多文化产品都已经在线销售好多年了；音乐、文学、电影、烹饪等，任何文化产品都可以数字化。此外，我们也已经看到，设计与制造的分离和即将到来的通用加工设施的激增，意味着这个世界的设计可以在任何地方按需生产。我们很可能将要见证迅猛发展的"世界性偏爱本地食品主义"，它将促成最优秀的世界文化和本地文化的互相结合，以及人们的思想和设计上的全球性交流。

结 论

新技术一方面会使旧的组织方式变得过时，另一方面又会使新的组织方式变得可行。正如前几次工业革命那样，我们当前的转变在开启新的机会的

---

[1] 请参阅：加尔·阿尔佩罗维茨（2013），《我们必须做什么？实话实说下一次美国革命》（切尔西·格林出版社）。

同时，也正在带来极大的不确定性，如果不进行适当的干预，当前的变化趋势将是优步化；而在优步化的情形下，市场力量深入组织并且将日常交往转变为市场交易。但是，如果政治运动能助推相关的限制性措施，则我们可以看到本地经济的复兴，而后者又受益于本地的按需生产和全球设计。本地民主的组织可以满足原先由股份公司承担的企业和社会责任。

在接下来的最后一章里，我们将研究什么样的人能够为将来的挑战做出最好的准备。

第14章 驾驭后股份公司经济

如果你一直读到了这里，那么，你将意识到这是个动荡的年代，意识到本书所预测的潜在未来将介于乌托邦和噩梦之间。面对这两种非常不同的可能性，本章将简要描述当前的工作职位形势并给出"全天候的"指导建议，这些指导建议构成具有某些技术技能的通识教育的特色。

当前的形势

如果你想在这个新的世界里发展，那么，拥有一张这个世界的运行地图是有帮助的。我希望本书有助于提供这样一幅地图的梗概。我们描述的正在分崩离析的旧世界的依据要比新世界取代旧世界的依据更具说服力。不过，关于一些宽泛的指导性意见，我们已经有了一个初步的轮廓。

在电影《毕业生》里，本杰明·布拉多克在他的大学毕业晚会上得到了一位商人关于未来的一些有用的建议。"我想对你说一个词儿，就一个词儿。你在听吗？它就是'塑料'。"在1968年，那个词儿也许是一个极好的建议。而今天相应的词儿又是什么呢？"太阳能"？"3D打印"？"生物降解塑料"？今天即使一个朝阳产业也不能完全契合这个新兴经济形态。优步公司是一家软件公司？是一家运输公司？是一个市场？抑或是其他什么东西？

由于这些决定性因素的变化莫测，因此追求恰当选择和安全路径的行为是不合时宜的。在1999年，电子工业似乎是一个很不错的选择，然而，五年之后，该产业的大部分都已经被外包出去了，导致美国丧失了几十万个工作职位。在安然公司崩溃导致安达信公司于2001年破产之前，会计是最稳定的职业，虽然有些人甚至可能会说它单调和乏味。而对于那些愿意在学习上多花费几年时间的人来说，一些大学的法学院始终是一个稳妥可靠的次选方案。然而，在 2014 年，有数据表明，法学院的新生注册人数比 2010 年下降了 30%，因为初级律师的许多工作任务现在都可以通过外包或软件的方式来完成。①

当前的经济形势就像强力球彩票游戏一样，在这场赌局中，少数求职者会在一夜之间获得巨额财富，而大多数求职者却面临着几无所得的不安全境况之中②：十几岁的编程者将他们的应用程序卖给脸谱公司并在达到饮酒年龄之前退出，但那些只拥有同质产品的竞争者却会败下阵来；幸运的佛罗里达房主在泡沫破裂之前将房子卖出，而其他人则被泡在"水"中（仅财务而言，而不是实际情况）；少数几个韩国流行歌曲明星偶然触及了意料之外的文化热点一夜走红，而成千上万的其他歌星则无声无影。

近些年来，为了避免你的工作被自动化或离岸化掉，标准的建议是去那些要求你亲自提供服务的领域寻找工作。③ 因为外科医生、私人健身教练、按摩理疗师、美甲师等，任何主要为富人提供私人服务的服务业都不大可能被机器人或印度的外包公司所取代。然而，优步化是对这些工作的威胁，也就是说，这些工作可能会从比较稳定的状况衰变成按需定制的任务，并且还面临持续不断的竞争。虽然一些顾客也许更喜欢特定按摩理疗师或初级保健医生，但是如果每一次的按摩都是一个进入市场并节省几美元的机会，那么……因此，围绕着这一工作的新问题不是"它是否有价值"，也不是"它是否会被自动化或离岸化掉"，而是"它是否会被优步化掉，从而导致我终日为钱奔忙"。

无所不在的不确定性是重大经济转型的标志，这一次唯有其不确定性才是确定的。之前我们用来理解经济的基本概念，比如"行业"或者"雇员"，已经不再具有以往的含义了。例如，有多少人失业，是指人们想要却没有一份全职工作。自从大萧条以来，虽然官方公布的失业人数已经急剧地下降，

---

① 请参阅：伊丽莎白·奥尔森和大卫·西格尔，"法学院新生注册人数大幅下降"，《纽约时报》，2014 年 12 月 17 日，http://dealbook.nytimes.com/2014/12/17/law-school-enrollment-falls-to-lowest-level-since-1987/。

② 请参阅：杰拉尔德·F. 戴维斯，"在'强力球'经济中有无成功的可能性？"《雅虎！金融》，2012 年 12 月 17 日。http://finance.yahoo.com/blogs/the-exchange/success-even-possible-powerball-economy-233115628.html。

③ 请参阅：阿兰·S. 布林德，"离岸外包：下一次工业革命？"《外交事务》，2006 年 3/4 月刊，https://www.foreignaffairs.com/articles/2006-03-01/offshoring-next-industrial-revolution。

但实际上，自 1977 年以来，就业率已经降到了大萧条以来的最低点（在 1977 年，作为有酬劳动力的妇女要比现在少得多）（见下图 14.1）。下降的部分原因是人们的寿命更长了，并且生育高峰期出生的人开始退休。不过，还有其他因素在起作用。总之，大量数目不详的人正在彻底地退出劳动力市场。社会保障残疾保险已经作为一种隐性失业项目在发挥作用。在过去的 20 年中，领取社会保障残疾保险的人数——不取决于失业花名册——持续增加，如今已经大大超过正式失业者的人数（见下图 14.2）。很少有人从社会保障残疾保险的花名册上被划去，他们在某种意义上是永久性的失业者。① 那些打临工的人的人数也难以在现有的统计数据中加以监测，我们无法知道目前有多少人同时以兼职工作和优步型任务为生（罗伯特·库特纳将这个阶层的经济称为"任务兔经济"②）。总之，我们当前的劳务市场就像一个未被绘制地图的岛屿，岛上到处是浓密的雨林，容易发生使地形加以改变的地震，并且岛屿中心有一座活火山。欢迎光临！

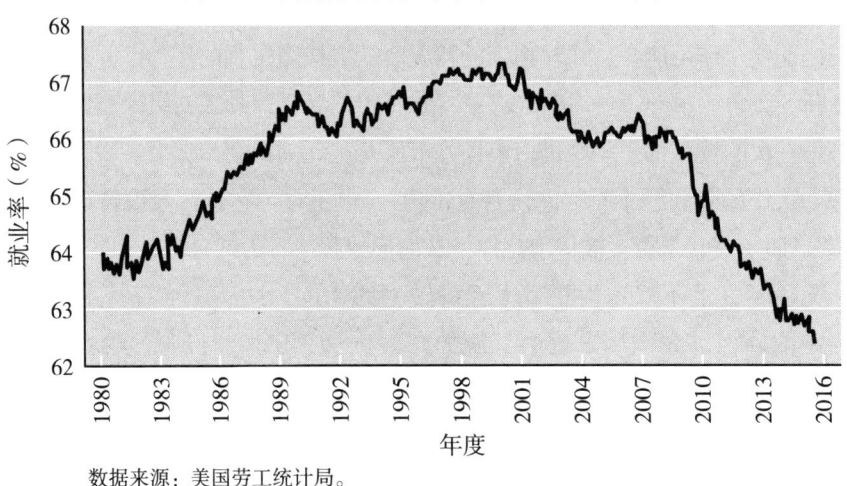

图 14.1　民用劳动力参与率（1980—2015 年）

数据来源：美国劳工统计局。

---

① 请参阅：莱斯利·西斯姆与乔恩·希尔森拉特，"工人受困于不良的经济复苏"，《华尔街日报》，2013 年 4 月 7 日，http://www.wsj.com/articles/SB1000142412788732351180457829815137453157；"职工福利的趋势"，《美国式生活》，第 490 集，2013 年 3 月 22 日，http://www.thisamericanlife.org/radio-archives/episode/490/transcript。

② 请参阅：罗伯特·库特纳，"任务兔经济"，《美国展望》，2013 年 10 月 10 日，http://prospect.org/article/task-rabbit-economy。

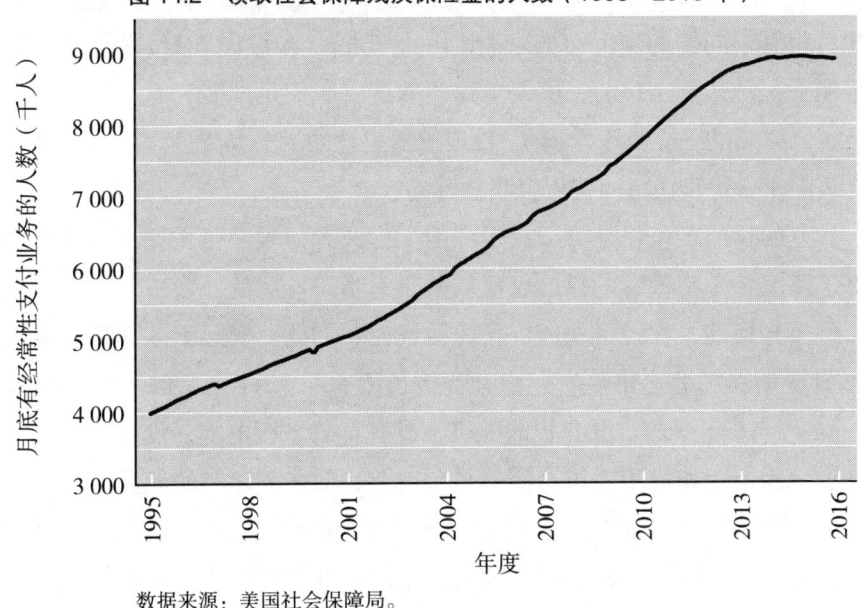

图 14.2 领取社会保障残疾保险金的人数（1995—2015 年）

数据来源：美国社会保障局。

通识教育的持久吸引力

我必须声明，我们这个社会存在一种利益冲突：我目前在一所大学任教，我坚信教育的内在价值，然而我却非常痛苦地看到，那些本该更懂教育的人却认为教育的唯一目的似乎就是就业培训。华盛顿甚至考虑发布大学评分，这种评分将大学当作一种财务投资来评估，对大学生将来工资的预估值和上大学的成本进行比较。① 这就像晨星公司给共同基金打分一样，大学也将收到这种评分结果。某些政客甚至更加不屑一顾。佛罗里达州州长里克·斯科特在描述他的预算优先款项时说："如果我要从一个公民那里把钱拿走投入到教育部门，那么，我将拿这些钱来创造工作职位。因此，我希望那些钱进入这样的学位项目，即学生们可以通过这种学位在本州找到工作。拥有更多的

---

① 2013 年 10 月 10 日，奥巴马在国情咨文演说中提出了这个想法，网址是：https://www.whitehouse.gov/the-press-office/2013/02/12/remarks-president-state-union-address；又见露丝·西蒙和迈克尔·科克里，"努力评估来自大学收益轮船的回报"，《华尔街日报》，2013 年 2 月 11 日，http://www.wsj.com/articles/SB10001424127887324880504578298162378392502。

人类学家是本州的切身利益吗？我认为不是。"① 据推测，佛罗里达的大学足球项目将基于同样的理由而被取消，因为毕业的学生很少继续在佛罗里达州从事职业足球运动（目前，佛罗里达州的三支职业足球队只有不到二十名的球员进入该州的公立大学学习）。难道佛罗里达的人类学专业学生或许可以通过在迈阿密做优步司机而实现自我救赎吗？

教育的目的不仅仅是为了获得一份工作或者得到一张文凭，而是为生活做好准备。如果将教育的目的仅仅局限于大学毕业后的一份工作上，那么最终必然事与愿违，在技术快速变化的时代尤其如此。实际上，斯科特州长的意思似乎是佛罗里达州政府完全有资格预测5～10年之后的工作职位的来源。确实，10年以前，没有智能手机，没有苹果平板电脑，没有移动应用程序产业，因而诸如优步公司这样的平台以及其他按需定制的经济原本是不可想象的。然而，到了2006年，佛罗里达州经济的相当大的一部分属于房地产及其相关产业：按揭贷款经纪人和发起人、房地产经纪人、大理石台面安装工、炒房者/房屋转售商等。既然房价确实永远不会下降（而且气候变化对本州的海岸线没有影响），那么，房地产行业将是阳光之州谋求长期就业的最安全的选择。

预测哪个行业、哪一类公司、哪一种工作将在数年之后哪个更有前景是一件风险极高的事情。曾经能源、金融和通信行业似乎是很好的选择——除非你指的是安然、雷曼兄弟和黑莓公司，然而，如果仔细看看10年来一些商业杂志的封面，你将体会到预测未来的准确概率是很小的。世界在快速地变化，教育应该使你做好长期准备。

为终身学习和公民身份做准备是通识教育的传统使命。学习哲学教会我们符合逻辑地思考和令人信服地辩论。艺术帮助我们理解各种素材是如何共同创造它们的效果的。人类学让我们了解人类文化及其表达和演进方式——对于异乎寻常的佛罗里达，这可能特别有用。通识教育具有超越研究特定学科的持久价值，这使得它具有比速记或电子商务专业存在更久的原因。

不过，人们拥有实际技能也是必要的。艾尔·卡彭曾经有一句名言："与

---

① 请参阅：扎克·安德森，"里克·司各特想把大学资金从某些学位项目上挪走"，《先驱论坛报》，2011年10月10号，http://politics.heraldtribune.com/2011/10/10/rick-scott-wants-to-shift-university-funding-away-from-some-majors/。

光有好话相比，同时拥有好话和枪支会使你走得更远。"我在这里借用并修改一下这句话：与光有通识教育相比，同时拥有通识教育和编码技能将会使你走得更远。如今，理解网络运行方式是绝对必要的，即便你并不特别希望为自己的网络编码。企业越来越运行得像网页，吸收各种分散的资源来产生性能（如果你还没有在你喜欢的网站上点击右键并进去看看网站的基础代码，那么，你应该去那样做）。

编码并不难学，如果你有合乎逻辑的思维方式（也许是拜哲学训练所赐），则编码更加好学。我们在密歇根大学举办了一个为期一周的大数据暑期夏令营，对新手进行Python语言、SQL语言以及API使用方法的培训（如果你对这些术语都没什么印象，那么，你可能需要考虑为自己安排一些培训了）。一周时间足以使你获得一些基本的技能，一个月的实践也足以使你掌握撰写专题论文的能力。培训的目的不是要成为一名专业程序员，而是要对我们这个时代的某些关键技术至少有一个基本的理解，这也是为了使你在任何工作岗位上变得更有用武之地。如果你想获得具体工作职位的资格，则在计算机科学学院或向其他项目提供者学习8或12周的课程也许是一个合理的选择。学会编程语言不会给你提供终身的就业岗位，正如一位COBOL老手现身说法的那样，计算机语言和平台都在变化，但是掌握编程者的思维方式是对通识教育的极其有价值的补充，而且转换工作职位也会比较容易。

最令人吃惊的事也许是这些技能依然短缺从而宝贵。我通常在我的演讲中（恼人地）问我的听众："谁能告诉我API代表什么意思？"结果是不止一两只手举起来的场合非常少见（API的意思是"应用程序界面"，它规定了程序和网站获取数据的方式，例如，与合适的谷歌地图之间的链接）。大多数30岁以上的人真的不大知道网络世界的运行方式，这构成了数字原生代的一大优势。请记住，如果一头发怒的狗熊正在追逐你和你的同伴，那么，你并不需要跑得比狗熊更快，你只需要跑得比同伴更快。为了使自己掌握足够多的技能从而变得更有价值，你并不需要一个计算机科学的博士学位。

"强力球"工作市场上的职业

没有人长大后希望成为一名优步司机或在亚马逊土耳其机器人平台上做

Turker，大多数人会认为那是通向广阔职业抱负之路上的临时性工作。那么，我们应该如何以不同的方式来看待职业呢？

最常见的建议也许是随自己的爱好选择职业。有多种原因决定了这是一个拙劣的建议。有些人遵从自己的爱好去追求自己 12 岁时的梦想职业。但一个合理的假设是，任何对年轻人有吸引力的职业，要么无法进入（篮球运动员、芭蕾舞女演员、总统），要么人太多了（兽医），要么两者兼具同样的情形（音乐家）。还有一些人则遵从自己某一特定的爱好，比如"旅游"或者"巧克力"，但做这些事情都难以或者不可能糊口谋生。

不要遵从自己的爱好，那是自我陶醉者的做法。做对别人有用的事情，激情将随之而来。如今的世界需要真正知道如何做事情的热心人，比如，知道 API 含义的文科毕业生。确定真正的社会需求，找到一种为他人服务的方式，你将生存下去。正如我们在之前的章节中所阐述的那样，有待满足的需求并不缺乏，我们可以利用移情的方式和背景资料来识别那些需求。一些应用程序上充斥着明显是由吝于通识教育的人所创造出来的产品，比如，接线图应用程序，鸡尾酒应用程序，比萨饼应用程序，等等。

那些理解当前社会经济转型的制度建设者们能够实现本书上一章中所描述的乌托邦愿景。例如，底层劳动力的一大风险是每周的收入不稳定。或许一些工人在某几周会有较多工作时间并挣得可观收入，但在另几周却没有那么多的工作时间和收入。对于规划、开销和为了未来存钱来说，工人稳定的收入是必要的。应用程序 Even.me 以每周 3 美元的收费提供一项收入平滑服务（an income-smoothing service），它根据过去几个月的薪水计算你的周平均收入，然后在你收入多的时候将你的收入存入一个合作银行的保险账户，在你收入少的时候提供一笔免息贷款来补足你的收入缺口。尽管它是一家营利性的公司，但它却以创新的方式来满足人们的关键需求。① 我们容易设想类似的公司，比如，它们将商店或农家多余的食物与那些需要食物的人相匹配，或者将时间富余的老年人与需要照料和辅导的孩子相匹配，依此类推。需要有人去设计和安装那些社区太阳能电网；创建适应力强的网状网络，以便向

---

① 请参阅：阿南德·吉里德哈拉达斯，"想要稳定的收入？有那方面的应用程序"，《纽约时报杂志》，2015 年 4 月 29 日，http://www.nytimes.com/2015/05/03/magazine/want-a-steady-income-theres-an-app-for-that.html。

低收入群体提供互联网接入口；定制开源的家具设计，以便用本地材料制作家具；设计那种工作场所民主管理的应用程序，以便为协作性决策提供可能。如今创立公司的费用相当低，因为许多环节的操作可以免费或廉价获取。公司倒闭也是常有的事，通常这类公司投资规模不大，风险也上升不到灾难性的程度。

科技博主彼得·莱因哈特将工作职位区分为"应用程序界面之上型"（指开发应用程序和电脑系统的工作职位）和"应用程序界面之下型"（指提供实际服务的工蜂、优步司机、亚马逊仓库的拣选工、Chili 的服务员等）。没有职业路径允许优步司机转变为编码人员，应用程序界面之下的工作职位注定将被自动化所取代。[1] 显然，最好的选择是成为应用程序界面之上的人。或者说，正如意外成为毒枭的沃特·怀特在《绝命毒师》中解释为何不怕危险人物敲他的门一样："我就是敲门人。"那些位于应用程序界面之上的人就是敲门人。

结　论

对于那些必须谋生的人来说，当今时代无疑是个不确定的时代。工作职位变化不定，在这个新的世界里，像"行业"和"雇员"这样的基本类别的含义正在发生变化，因此，人们要做出万全的职业建议是不可能的。通识教育加上编码的实际技能很可能是最佳准备，它能使我们理解这个社会的转型并为人们服务。

---

[1] 彼得·莱因哈特，"用应用程序接口代替中间管理层"，2015 年 2 月，http://rein.pk/replacing-middle-management-with-apis/。

数据来源

我撰写本书始终依赖网上随处可得的信息。毫无疑问，就像任何研究工作一样，他人会从我所使用的数据中得出不同的结论。为了使核实和批评变得更加容易，有兴趣的读者，特别是新闻记者和研究人员，将发现如下资源特别有用：

美国劳工统计局　美国劳工统计局是美国就业统计数据的权威来源，这些数据包括每个产业中的就业状况及其历史信息，其网址是：http://www.bls.gov/data/。

美国证券交易委员会　美国证券交易委员会的 EDGAR 数据库包括在美国股市挂牌的公司的证券档案，最早时间可以追溯到 1994 年。10-K 表（年度报告）包含财务和就业信息。DEF 14A 表（股东委托书）包括公司所有权、高管和董事的信息。S-1 表（首次公开募股招股说明书）描述投票权的分配方案等事项。特定公司的归档文件可以通过如下网址获取：http://www.sec.gov/edgar/searchedgar/companysearch.html。

沃顿研究数据服务平台　美国股份公司的更多的年度综合性财务和会计信息可以从沃顿研究数据服务平台免费获取，这些信息常常可以回溯至 1950 年，其网址是：https://wrds-web.wharton.upenn.edu/wrds/。

Mergent 数据库　在网络数据来源流行之前，《穆迪氏工业手册》大约从 1900 年就开始提供股份公司财务和管理的信息汇编。这些旧的数据有许多是以可访问的形式存档于如下网址：http://www.mergentonline.com/login.php。

首次公开募股　在美国，关于首次公开募股的最好数据来源是由佛罗里达大学沃林顿商学院教授杰伊·里特提供的，其网址是：https://site.warrington.ufl.edu/ritter/ipo-data/。

世界银行 世界银行每年在《世界发展指标》数据库中为每一个国家汇编数以百万计的经济和社会变量，这些数据常常可以追溯至 1960 年。该数据库的网址是：http://data.worldbank.org/data-catalog/world-development-indicators。

联合国开发计划署 在提供世界各国人民福祉的更详细的指标方面，联合国开发计划署的人类发展报告数据是世界银行数据的一个补充，该数据库的网址是：http://hdr.undp.org/en/data。

收入不平等 有三大跨国家、长时间段的不平等数据来源，它们分别是艾奥瓦大学的标准化世界收入不平等数据库（http://myweb.uiowa.edu/fsolt/swiid/swiid.html）、联合国世界收入不平等数据库（https://www.wider.unu.edu/project/wiid-world-income-inequality-database），以及卢森堡收入研究数据库（http://www.lisdatacenter.org/）。

英文索引

401(k) pension plans. *See also* DC (defined contribution) pensions.
    description, 61–65, 121
    failure of, 121–122
    history of, 61–65

A

acquisitions. *See* mergers and acquisitions.
Affordable Care Act, effects on employer-provided healthcare, 120
aircraft production, corporate decline, 158
Alibaba.com, 82
Alien Tort Claims Act, 79
Amazon
    MTurk (Mechanical Turk), 124, 145, 176
    shifting from jobs to tasks, 124
American Cotton Oil, 20
American Express, CEO-to-worker pay ratio, 131
American Sugar, 20
American Tobacco, 20
Andersen, Arthur, 182
Andreessen, Marc, 99–100
antitrust guidelines, relaxation of (1982), 57
APIs (application programming interfaces), in career choice, 188
Apollo 13, 170
Apple, employment trends, 147
AtFab, 156
AT&T
    birth year, 19
    CEO-to-worker pay ratio, 131
    employment history, graph, 44
    size, in 1950, 122
automation, avoiding, 182–183

B

Baker, George F., 33
banks. *See also* specific types.
    Canadian (1980), 33
    lending to businesses (commercial), 33
    lending to home buyers (savings and loan), 33
    personal loans (credit unions), 33
    role in the Great Depression, 34
    Second Bank of the United States (1832), 32
    taming, 31–34
    underwriting stocks and bonds (investment), 33
    universal, 31
    US (1980), 33
Beardstown Ladies, 62
Bell, Daniel, 177
Benkler, Yochai, 153–154
Berle, Adolf, 27, 35, 40
Bernstein, Shai, 109
Bethlehem Steel, size, in 1950, 122
BlackRock, 64–65
Blake, William, xiii
Blockbuster
    employment trends, 84
    vs. Netflix, 16
BLS (Bureau of Labor Statistics), 191
blue chip stocks, over time, 20
boards of directors. *See also* corporate governance.
    around the world, 11
    restrictions on, 34
bonds. *See* stocks and bonds.
books and publications
    Freakonomics, 148
    The Grapes of Wrath, 31
    The Modern Corporation and Private Property, 27, 35
    Moody's Industrial Manuals, 191
    "Mr. Bennett and Mrs Brown," 28
    The Nature of the Firm, xvi
    Other People's Money: How the Bankers Use It, 33
    "Six Cents an Hour," 78
    Small Is Beautiful: A Study of Economics as if People Mattered, 136–137
    "The Virtual Corporation," 70
    The Visible Hand, 20
Braddock, Benjamin, 182
Brandeis, Louis, 33–34, 152
Breaking Bad, 188
bribes, legislation stopping, 86
Britain's Beveridge Report, 116
Brookdale Senior Living, employment trends, 107
Buffet, Warren, 98

Bush, George W.
	democratization of the stock market, 63
	effect on the S&P 500, 147
business loans. *See* commercial banks.
businesses, *vs.* corporations, 9–10
Byrne, John, 70–71

C

cable television, corporate decline, 158
Canada, health care system, 42
Canadian banks (1980), 33
capital equipment
	costs of, 90–91, 155–156
	raw material for postcorporate futures, 171
capital raising. *See* funding corporations; IPOs (initial public offerings).
Capone, Al, 186
careers. *See also* employment trends.
	above/below the API, 188
	death of, 123
	following your passion, 187–188
	in a Powerball lottery economy, 187–188
	transition to jobs to tasks, 136, 144–145
Carnegie, Andrew, 19, 25–26
Carnegie Steel, 19, 25–26
CBRE Group, employment trends, 108
CEO-to-worker pay ratio. *See also* executive compensation.
	within boundaries *vs.* across boundaries, 133–134
	examples, 131
	over time, 128
Chandler, Alfred, 20, 26
Chaplin, Charlie, 6
Chicago Gas, 20
Chipotle Mexican Grill, employment trends, 108
Chop shop, valuation model, 56
Chrysler, size, in 1950, 122
chutes-and-ladders labor market, 146–149
The Clayton Act (1914), 34
climate change, raw material for postcorporate futures, 171
Clinton, William Jefferson, 65–66
Coase, Ronald, 172
Cobb, J. Adam, 119, 132, 134
Coca-Cola, India boycott, 79
collaboration, lower cost of, 153–157
collecting payments, pop-up companies, 82
collective bargaining, right to, 40
college education. *See* education.
commercial banks
	isolation from investment banks, 34
	purpose of, 33
	restrictions on, 23–24
community platforms, 178–179
compliance and reporting requirements, effects on IPOs, 99–100
computer and electronics industry
	employment trends, 15, 74
	virtual corporations, 73–74
concentration of power. *See also* conglomerates; corporate growth; mergers and acquisitions.
	corporations *vs.* the Federal government, 30
	oligopolies, 34
	resistance to, 30
"conflict free" minerals, verifying, 78
conglomerate discount, 56
conglomerates. *See also* concentration of power; corporate growth; mergers and acquisitions.
	dismantling, 57–59
	effect on shareholder value, 54–56, 58–59
	growth in the postwar era, 47
	hostile takeovers, 57–59
	managerial technology, 55
	number of divisions *vs.* value, 56
	operating, 55
	postwar era of corporate growth, 47
	problems with, 54–56
	splitting up, predicting the value of parts, 56
	undervalued, protecting, 57–58
constituencies of corporations, 59–61
contestable control, 103
controlled companies, 105
corporate benevolence, postwar era of corporate growth, 41–43
corporate decline. *See also* postcorporate futures.
	corporations resistant to, 158–159
	Wall Street, 159–161
corporate decline, negative consequences of
	declining upward mobility, 139–149
	disappearance of social safety net, 115–124
	rising inequality, 127–137
corporate decline, positive consequences of
	cost of capital equipment, 155–156
	dispersed collaboration, 154
	free software, 153–157
	lower cost of collaboration, 153–157
	misplaced nostalgia, 152–153
	new forms of corporations, 153–157
	Nikefication, 156
	platform capitalism, 155–156
	sharing economy, 155–156
corporate governance. *See also* boards of directors.
	contestable control, 103
	controlled companies, 105
	death of, 102–106
	dual class voting, 103, 104–105
	Facebook, 105
	standards for, 103
	unequal voting rights, 103
corporate growth. *See also* concentration of power; conglomerates; employment trends; mergers and acquisitions.
	adolescence, 40–41

biggest corporations, 1950 vs. 2010, 122–123
concentration in the early 20th century, 26–27
correlation to visibility and prestige, 135
effects of IPOs, 107
foreign competition, 55–56
malaise of the 1970s, 55–56
peak of, 53–56
postwar era, 39–47
revenues vs. market capitalization, 136
size, history of, 134–136
social changes, role of, 28
stock market, role of, 23–26
corporate structures
cross-cultural transfer, 13–14
important factors, 13
corporations. *See also* L3C (low-profit LLC); LLC (limited liability company); public corporations; *specific corporations*.
around the world, 10–14. *See also specific countries*.
constituencies, 59–61
controlling. *See* legislation; regulations; taming corporations.
creating, 8
de-listing from the stock market, 10
definition, 6–9
and the individual's view of his society, 28
legal personality, 7
legal status of, 7
as lever of society, 45–47
limited liability, 7
listed on the stock market, xv
as nation-states, 14
overview, 14–17
purpose of, 59–61
ruling bodies. *See* boards of directors; corporate governance.
soulful, 60
taking from public to private, 10
transient nature of, 16
uncorporations, 8
unlimited lifespan, 7
uses for, 7
vs. businesses, 9–10
cost-of-living adjustments to wages, 117
costs
of capital equipment, 90–91, 155–156
collaboration, 153–157
low-cost startups and IPOs, 100–101
of pop-up companies, 89–91
of public corporations, 85–88
of social safety net, 116–122
of using the price system, xvi, 172–173
creating
corporations, 8
pop-up companies, 82
credit unions, purpose of, 33
CVS Caremark, CEO-to-worker pay ratio, 131

D

Daimler, board of directors, 11
dark satanic mills, xiii
DB (defined benefit) pensions, abandonment of, 42, 54, 61, 120–121
DC (defined contribution) pensions, 61–65, 121. *See also* 401(k) pension plans; ETFs (exchange traded funds); mutual funds.
de-listing corporations from the stock market, 10
dead-end jobs, 144
Delaware, most popular state for incorporation, 86
delivering a baby, online instructions, 171
Dell, Michael, 10, 74–75, 82–83
Dell Computer
employment trends, 74–75
Nikefication, 74–75
private control of, 10
virtual corporation, 74–75
democratization of the stock market, 61–65
Les Demoiselles d'Avignon, 28
Denmark
business creation rate, 125
business failure rate, 125
flexicurity system, 125–126
health care system, 13
pensions, 13
disclosures required by public corporations, 86
dispersed collaboration, 154
Distilling & Cattle Feeding, 20
doctor visits, virtual, 173
Dodd-Frank Act (2010), 8, 78
dot-com bubble burst, effects on IPOs, 98
Dow Jones Industrial Average. *See also* stock market, US.
1896-1987, 21–22
blue chips, over time, 20
precursor to, 19
Drexler, Eric, 175
Dropbox, employment trends, 92
Drucker, Peter, 28, 59, 141, 168–169
dual class voting, 103, 104–105

E

Eastern Bloc economies, corporations, 13
Eastman Kodak, birth year, 19
economies of scale
role in the decline of corporations, 52
role in the rise of corporations, 20, 22, 23–24
EDGAR (Electronic Data Gathering, Analysis, and Retrieval), 87, 191
Edgar v. MITE, 58
education, importance of, 146–149, 184–187
education systems, effect on corporate structures, 13
EEOC (Equal Employment Opportunity Commission), founding of, 46
efficient market hypothesis, 57

Einstein, Albert, 28
electrical utilities, corporate decline, 159
electronics industry. *See* computer and electronics industry.
electronics manufacturing services (EMS), 73
emerging growth companies, 106
employment, redefining, 176
employment relations, Treaty of Detroit, 42
employment trends. *See also* careers; corporate growth; postcorporate futures, preparing for; *specific corporations*.
    American electronics industry, 74
    Apple, 147
    avoiding direct job creation, 125
    biggest employers, 1950 *vs.* 2010, 122–123
    Blockbuster, 84
    Brookdale Senior Living, 107
    CBRE Group, 108
    Chipotle Mexican Grill, 108
    computer and electronics industry, 15
    consequences of virtual corporations, 74
    Dell Computer, 74–75
    Facebook, 92, 147
    GameStop, 108
    Google, 108, 147
    information sector, 16
    job creation by IPOs, 106–109
    Netflix, 84
    postwar era, 43–45
    Sara Lee Corporation, 76–77
    for software developers, 148
    Synnex, 107
    Texas Roadhouse, 108
    Uber, 123–124
    Uber *vs.* GM, 155
    workforce for top five market cap corporations, 91
EMS (electronics manufacturing services), 73
Encyclopedia Britannica, *vs.* Wikipedia, 16
entry-level jobs, 144
EPA (Environmental Protection Agency), founding of, 46
Equal Employment Opportunity Commission (EEOC), founding of, 46
equality, postwar era of corporate growth, 43–45
ETFs (exchange traded funds), 64–65. *See also* DC (defined contribution) pensions; mutual funds.
executive compensation
    comparing, 87
    relation to business size, 135
    shareholder value, 54
    stock-based, 60–61
    vs. average workers. *See* CEO-to-worker pay ratio.
ExxonMobil
    corporate decline, 158
    decline in employees, xvii

F

Facebook
    corporate governance, 105
    dual class voting, 105
    employment trends, 92, 147
    in the Fortune 500, 92
    insider control, 105
    IPO, 106
    purchase of WhatsApp, 102, 148
    use of proceeds as stated in IPO, 101–102
    Zuckerberg grip, 105
Federal government
    concentration of corporate power, 30
    growth (1910), 36–37
    ownership of industry, 24
Filson, Anne, 156
financial markets, effect on corporate structures, 13
firm-specific human assets, 118–119
flexicurity system, 125–126
Flip video camera, 83
following your passion, 187–188
Ford, Henry
    Fordlandia, rubber plantation, 25
    IPO for Ford Motor Company, 96
    pioneering the moving assembly line, 24
    private ownership of industry, 24–25
    vertically integrated production, 24
Ford Motor Company. *See also* River Rouge plant.
    investigated for EEOC violations, 46
    IPO, 96
    private ownership, 24–25
    size, in 1950, 122
Fordlandia, rubber plantation, 25
foreign competition, effects on corporate growth, 55–56
Foreign Corrupt Practices Act (1977), 8, 86
Fortune 500 companies
    Facebook, 92
    first list of, 6
    hostile takeovers, 58
    mergers and acquisitions, 53–54
    ranking criteria, 135
401(k) pension plans. *See also* DC (defined contribution) pensions.
    description, 61–65, 121
    failure of, 121–122
    history of, 61–65
France
    glorious thirty (les trente glorieuses), 43–45
    postwar era, 43–45
    sources of funding, 23
Freakonomics, 148
free software, 153–157
funding corporations. *See also* IPOs (initial public offerings).
    alternative forms, 93–94, 161
    France, 23

Germany, 23–24
pop-up companies, 82

G

gales of creative destruction, xii
GameStop, employment trends, 108
Gates, Bill, 146
GE
 birth year, 19
 diversification, 54–55
 Dow Jones Industrial Average (1896), 20
 employment history, graph, 44
 investigated for EEOC violations, 46
 size, in 1950, 122
Geely Automotive, board of directors, 11
Geneen, Harold, 55
German corporations, board of directors, 11
Germany, sources of funding, 23–24
get-rich-quick schemes, stock market, 57
Ghilarducci, Teresa, 121–122
GI Bill, 41
Gini index, trends over time, 132–133
Glass-Steagall Act (1933), 34, 160
glorious thirty (les trente glorieuses), 43–45
GM
 bankruptcy, 120
 birth year, 19
 board of directors, 11
 health of the economy *vs.* health of corporations, 14
 history of, 6
 investigated for EEOC violations, 46
 UAW strike against, 42–43
GM, employment trends
 1928 *vs.* 2015, 14
 employment history, graph, 44
 graph of, 15
 peak employment, 6
 size, in 1950, 122
 vs. Uber, 155
GM, social safety net. *See also* Treaty of Detroit.
 canceling health care coverage, 120
 current state, 119–120
 industry standard for, 118–119
Google
 employment trends, 92, 108, 147
 IPO, 104
government. *See* Federal government.
The Grapes of Wrath, 31
gray goo scenario, 175
Great Depression
 labor stability prior to, 40
 role of banks, 34
Groupon, dual class voting, 105
growth of corporations. *See* corporate growth.

H

health care systems. *See also* social safety net.
 Canada, 42
 Denmark, 13
 United Kingdom, 42
health care systems, US
 GM cancels health care coverage, 120
 institution of, 42
 Treaty of Detroit, 42
health insurance, 117
hedge fund activism against public corporations, 88
high-tech economy, upward mobility, 147–148
HITs (Human Intelligence Tasks), 124
Holdings AT&T, in 2010, 123
Home Depot, in 2010, 123
home loans. *See* savings and loan banks.
horizontal mergers, 58
hostile takeovers
 conglomerates, 57–59
 decline of, 65
 Fortune 500 companies, 58
 limiting, 65
 "other constituency" considerations, 60
 stock market, 57–59
Human Development Reports, 192
Human Intelligence Tasks (HITs), 124

I

IBM, birth year, 19
ICTs (information and communication technologies), xiv, 130, 169, 178
income
 definition, 128
 distribution, 128. *See also* Gini index.
 vs. wealth, 128–129
income inequality
 within boundaries *vs.* across boundaries, 133
 CEO-to-worker pay ratio, 128, 131, 133–134
 cross-national data, 192
 Gini index, trends over time, 132–133
 history of, 130–131
 income, definition, 128
 income, distribution, 128. *See also* Gini index.
 income *vs.* wealth, 128–129
 in the late 1960s, 43
 paradox of hierarchy, 134
 reasons for increase, 128–137
 role of corporate size, 131–134
 skill-biased technological change, 129
 wealth, definition, 128
industrial revolutions and social change, 168–170
inequality, economic. *See* income inequality.
information and communication technologies (ICTs), xiv, 130, 169, 178

information sector, employment trends, 16. *See also* computer and electronics industry.
innovation, effects of IPOs, 109
insider control, Facebook, 105
insider control in perpetuity, 105
intergenerational mobility, 142
internships, 144
investment banks
    isolation from commercial banks, 34
    purpose of, 33
IPOs (initial public offerings). *See also* funding corporations.
    1980-2014 (chart), 99
    in the 1990s, 96
    in 1999, 97
    definition, 9
    effects of JOBS (Jumpstart Our Business Startups) (2012), 108–109
    effects on corporate growth, 107
    effects on innovation, 109
    emerging growth companies, 106
    Facebook, 106
    Ford Motor Company, 96
    Google, 104
    peak of, 98
    reasons for, 102
    resources for, 191
IPOs (initial public offerings), decline of. *See also* public corporations, decline of.
    in the 21st century, 98–102
    bursting of the dot-com bubble, 98
    compliance and reporting requirements, 99–100
    death of corporate governance, 102–106
    disappointing job creation, 106–109
    dual class voting, 105
    insider control in perpetuity, 105
    low-cost startups, 100–101
    overregulation, 99–100
    reasons for, 99–101
    Sarbanes-Oxley Act (2002), 98–99
    shift in market composition, 100
    since 2000, 106–109
Irwin, Neil, 120
iShares ETF, 64–65
ITT
    acquisitions, 45
    diversification, 55
    employment history, graph, 44

J

Jackson, Andrew, 32
James, William, 28
jobs
    shifting to tasks, 123–124
    vs. careers and tasks, 136
Jobs, Steve, 146
JOBS (Jumpstart Our Business Startups) (2012), 82, 106, 108–109

K

Kaysen, Karl, 60
Knight, Phillip, 103
Koch Brothers, 10
Korea, corporations, 12
Kristensen, Peer Hull, 125
Kroger, in 2010, 123
Kuznets, Simon, 129–130
Kuznets curve, 130

L

L3C (low-profit LLC), 93. *See also* LLC (limited liability company).
labor, effects on shareholder value, 65–66
labor markets, effect on corporate structures, 13
labor on demand, 175
labor stability
    era of corporate benevolence, 41–43
    postwar era, 41–43
    prior to the Great Depression, 40
    right to collective bargaining, 40
    right to form unions, 40
    Treaty of Detroit, 41–43, 45
labor unions
    and corporate size, 134–135
    right to form, 40
    role in social safety net, 123
Laclede Gas, 20
law school enrollment, 139, 182
laws. *See* legislation.
legal personality, 7
legal status of corporations, 7
legislation. *See also* regulations.
    Alien Tort Claims Act, 79
    The Clayton Act (1914), 34
    Dodd-Frank Act (2010), 8, 78
    Foreign Corrupt Practices Act (1977), 8, 86
    GI Bill, 41
    Glass-Steagall Act (1933), 34
    JOBS (Jumpstart Our Business Startups) (2012), 82, 106, 108–109
    limiting takeovers, 65
    National Labor Relations Act (1935), 40
    "other constituency" law (early 1900s), 60
    putting a stop to bribes, 86
    regulating IPOs, 98–99
    Sarbanes-Oxley Act (2002), 98–99, 106
    Sherman Antitrust Act (1890), 25
    Tax Reform Act (1969), 46
    Trustees of Dartmouth College v. Woodward, 7
    verification of "conflict free" minerals, 78
    "Wagner Act" (1935), 40
    Williams Act (1968), 57
lending. *See* banks.
liberal arts education, importance of, 184–187
Liberian Corporate Registry, 8
limited liability, 7

LinkedIn
    dual class voting, 105
    employment trends, 92
Linux operating system, 154
LLC (limited liability company), 8, 93. *See also* L3C (low-profit LLC).
local economies, reviving, 176–179
low-profit LLC (L3C), 93. *See also* LLC (limited liability company).
Luxembourg Income Study Database, 192

M

managerial technology
    conglomerates, 55
    role in corporate growth, 22–23
Manne, Harold G., 57
manufacturers, finding for pop-up companies, 82
market capitalization *vs.* revenues, corporate growth, 136
mass distribution, 20, 22
mass production, 20, 22
Mattermark, 161
McKibben, Bill, 177
Means, Gardiner, 27, 35, 40
Mechanical Turk (MTurk), 124, 145
medical care. *See* health care systems.
Mergent, 191
mergers and acquisitions. *See also* concentration of power; conglomerates; corporate growth.
    Carnegie Steel and US Steel, 25–26
    in the early 20th century, 30
    Fortune 500 companies, 53–54
    guidelines for (1982), 58
    horizontal mergers, 58
Meyer, John, 84
middle class, joining, 140–141
mobility, postwar era of corporate growth, 43–45
The Modern Corporation and Private Property, 27, 35
Modern Times, 6
Moody's Industrial Manuals, 191
Morgan, J.P., 33–34
Morrill, Danielle, 161
mortgage loans. *See* savings and loan banks.
moving assembly line, 24
Mozilla Foundation, 157
"Mr. Bennett and Mrs Brown," 28
MTurk (Mechanical Turk), 124, 145
music business, pop-up companies, 84
mutual funds. *See also* DC (defined contribution) pensions.
    assets under management, 64
    growth of, 63–64

N

Nagel, Roger, 71
National Health Service (NHS), 116
National Labor Relations Act (1935), 40

National Lead, 20
The Nature of the Firm, xvi
Netflix
    employment trends, 84
    vs. Blockbuster, 16
Netherlands, corporations, 12
Netscape, 99
new nationalism speech, Theodore Roosevelt, 35–37
New York Times, 103–104
News Corporation, 103–104
Nextdoor.com, 178
NHS (National Health Service), 116
Nike
    corporate governance, 103
    use of sweatshops, 78–79
Nikefication, 71–79, 156
Nixon, Richard, 39–40, 45–47
North American, 20

O

Obama, Barack, 128, 134
Obamacare, effects on employer-provided healthcare, 120
O'Brien, Maureen, 146–147
oil embargo of 1973, 47
oligopolies, 34
online technology, raw material for postcorporate futures, 171
OPEC (Organization of Petroleum Exporting Companies), 47
open-source software, 153–157, 170
operating conglomerates, 55
OSHA (Occupational Safety and Health Administration), founding of, 46
"other constituency" law (early 1900s), 60
Other People's Money: How the Bankers Use It, 33
outsourcing
    avoiding, 182–183
    role in decline of corporations, 51–52
    training your own replacements, 146
    virtual corporations, 73–76
overregulation, effects on IPOs, 99–100

P

paradox of hierarchy, 134
Pennsylvania, "other constituency" law (early 1900s), 60
pensions, Denmark, 13
pensions, US. *See also* social safety net.
    DB (defined benefit) pensions, abandonment of, 42, 54, 61, 120–121
    DC (defined contribution) pensions, 61–65, 121. *See also* 401(k) pension plans.
    evolution of, 42, 117
    origins of. *See* Treaty of Detroit.
personal loans. *See* credit unions.
pet foods, virtual corporations, 75

pharmaceutical production, virtual corporations, 75
Picasso, Pablo, 28
Piketty, Thomas, 130–131
platform capitalism, 145, 155–156
platforms, definition, xii
pop-up companies. *See also* virtual corporations.
    collecting payments, 82
    costs of, 89–91
    creating, 82
    finding a manufacturer, 82
    funding, 82
    in the music business, 84
    shipping, 82
postcorporate futures, dystopian
    gray goo scenario, 175
    industrial revolutions and social change, 168–170
    labor on demand, 175
    Uberization, 172–175
    virtual doctor visits, 173
    workforce management systems, 174
postcorporate futures, preparing for. *See also* employment trends.
    automation, avoiding, 182–183
    current situation, 182–184
    outsourcing, avoiding, 182–183
    threat from Uberization, 182
    value of education, 184–187
postcorporate futures, raw materials
    capital equipment, 171
    climate change, 171
    online technology, 171
    open-source software, 170
    renewable energy, 171
    smartphones, 171
postcorporate futures, utopian
    community platforms, 178–179
    ICTs (information and communication technologies), 178
    redefining employment, 176
    revival of local economies, 176–179
postwar era of corporate growth
    adolescence of the corporate sector, 40–41
    conglomerates, 47
    corporation as lever of society, 45–47
    emerging cracks in corporate dominance, 47
    equality, 43–45
    era of corporate benevolence, 41–43
    mobility, 43–45
    prosperity, 43–45
    security, 43–45
Powerball lottery economy, 114, 182, 187–188
pre-job jobs, 144
prestige, correlation with corporate growth, 135
price system, costs of, xvi, 172–173
private ownership of industry, Ford Motor Company, 24–25
privately owned companies, history of, 24–25
product market competition, effect on corporate structures, 13
prosperity, postwar era of corporate growth, 43–45
Proust, Marcel, 28
public corporations. *See also* corporations.
    definition, 9
    importance of, 5
    listed in US stock markets, 17
    trends in, 15, 17
    turn of the 20th century, xvii
public corporations, decline of. *See also* IPOs (initial public offerings), decline of.
    alternatives to, 92–94
    costs of, 85–88
    hedge fund activism, 88
    most popular state for incorporation, 86
    pop-up companies, 82–85
    regulations, 86–87
    required disclosures, 86
    size of workforce, 91–92
    targets of social activism, 87–88

R

raiders, 57
railroads, corporate decline, 158
Rana plaza building collapse, 78
Reagan, Ronald, 51, 53, 57–59
redwood forest economy, 114
regulations. *See also* legislation; taming corporations.
    public corporations, 86–87
    Reagan revolution, 57–59
Reinhardt, Peter, 188
renewable energy, raw material for postcorporate futures, 171
report on "Social Insurance and Allied Services," 116
resources
    BLS (Bureau of Labor Statistics), 191
    creating a corporation, 8
    EDGAR (Electronic Data Gathering, Analysis, and Retrieval), 87, 191
    Human Development Reports, 192
    income inequality, 192
    IPOs (initial public offerings), 191
    Liberian Corporate Registry, 8
    Luxembourg Income Study Database, 192
    Mergent, 191
    Moody's Industrial Manuals, 191
    Standardized World Income Inequality Database, 192
    UNDP (United Nations Development Programme), 192
    United Nations World Income Inequality Database, 192
    World Bank, 192
    World Development Indicators database, 192

WRDS (Wharton Research Data Services), 191
responsibility paradox, virtual corporations, 77–79
retirement security. *See* pensions.
revenues *vs.* market capitalization, corporate growth, 136
Ribstein, Larry, 8
The Rite of Spring, 28
Ritter, Jay, 96, 191
River Rouge plant, employment history
    in 1927, 24
    in the 1930s, 14
    postwar era, 41
River Rouge plant, functions of, 25
robber barons, 19
Rockefeller, John D., 19
Rohrbacher, Gary, 156
Romney, Mitt, 6–7, 139
Roosevelt, Franklin D., 40–41
Roosevelt, Theodore
    controlling corporations, xiii, 35
    corporations as necessary evil, 152
    growing the government, 35–37
    new nationalism speech, 35–37
Rowan, Brian, 84
Rubin, Robert, 65

S

safety net. *See* social safety net.
Sara Lee Corporation, 76–77
Sarbanes-Oxley Act (2002), 98–99, 106
savings and loan banks, purpose of, 33
Schor, Juliet, 155
Schumacher, E. F., 136–137
Scott, Rick, 184–185
Sears Roebuck
    birth year, 19
    employment history, graph, 44
    investigated for EEOC violations, 46
    size, in 1950 *vs.* 2010, 123
Second Bank of the United States (1832), 32
security, postwar era of corporate growth, 43–45
shareholder value
    compensation systems, 65
    democratization of the stock market, 61–65
    effects of conglomerates, 54–56, 58–59
    executive compensation, 54
    hostile takeovers, 57–59
    purpose of corporations, 59–61
    role of the stock market, 57
    the voice of labor, 65–66
shareholders, growth between 1924 - 1930 (US), 34. *See also* stock market.
sharing economy, 145, 155–156
Sherman Antitrust Act (1890), 25
shipping services for pop-up companies, 82
Shipwire, 82

Simon, Herbert, 131–133, 135
"Six Cents an Hour," 78
size of corporations. *See* corporate growth.
skill-biased technological change, 129
skills gaps, 146–147
Small Is Beautiful: A Study of Economics as if People Mattered, 136–137
smartphones, raw material for postcorporate futures, 171
Snowden, Edward, 77
social activism, targeting public corporations, 87–88
social changes, role in corporate growth, 28
"Social Insurance and Allied Services" report, 116
social safety net, Denmark's flexicurity system, 125–126
social safety net, UK
    Britain's Beveridge Report, 116
    NHS (National Health Service), 116
    report on "Social Insurance and Allied Services," 116
social safety net, US. *See also* health care systems; pensions; Treaty of Detroit; unemployment benefits; *specific benefits*.
    among the biggest employers, 122–124
    corporate responsibility for, 118–119
    cost-of-living adjustments to wages, 117
    costs of, 119–122
    disappearance of, 115–124
    economic rationale for, 123
    effect on corporate structures, 13
    effects of Obamacare on employer-provided healthcare, 120
    GM, as industry standard, 118–119
    health insurance, 117
    increasing costs of, 116–118
    pension plans, 117
    the power of unions, 123
    unemployment benefits, 117
    Walmart, 117–118
Social Security Act, passage of, 40
software developers, employment trends, 148
Sony, 81, 83
soulful corporations, 60
South Sea Bubble (1720), 102
S&P 500, effects of the Bush administration, 147
splitting up conglomerates, predicting the value of parts, 56
Square, employment trends, 82
SSDI (Social Security Disability Insurance), 183–184
Standard Oil Company
    breakup of, 34
    family trust, 19
Standard Oil (Exxon), size, in 1950, 122
Standardized World Income Inequality Database, 192
Steinbeck, John, 31
Stillman, James, 33

stock market. *See also* shareholders.
    around the world, 11
    capitalization as percentage of GDP (chart), 159
    democratization of, 61–65
    Eastern European, 11
    effects on job growth, 109
    efficient market hypothesis, 57
    get-rich-quick schemes, 57
    hostile takeovers, 57–59
    indicator of future profitability, 57
    People's Republic of China, 11
    public corporations listed, 17
    role in corporate growth in the US, 23–26
    role in shareholder value, 57
    Shanghai Stock Exchange, 11
stock market, US. *See also* Dow Jones Industrial Average.
    de-listing corporations from, 10
    economies of scale, growth factor, 23–24
    listed corporations, xv
    listed corporations prior to 1890, 19
    role in corporate growth, 23–26
stocks and bonds
    percentage of US households owning, 62
    underwriting. *See* investment banks.
Stravinsky, Igor, 28
Summers, Larry, 65
Supervalu, in 2010, 123
supply chain responsibility, virtual corporations, 78–79
Swann's Way, 28
Synnex, employment trends, 107

T
taming banks, 31–34
taming corporations. *See also* legislation; regulations.
    power in the corporate economy, 30
    under Richard Nixon, 39–40
    under Theodore Roosevelt, 34–36
Target, in 2010, 123
tasks
    HITs (Human Intelligence Tasks), 124
    shifting from jobs to, 123–124
    vs. careers and jobs, 136
Tax Reform Act (1969), 46
Taylor, Fredrick, 174
telephone networks, corporate decline, 158
tender offers, 58
Tennessee Coal & Iron, 20
Texas Roadhouse, employment trends, 108
Thailand, corporations, 12
Thiel, Peter, 146
Toyota, board of directors, 11
Treaty of Detroit, 41–43, 45, 117, 119
les trente glorieuses (glorious thirty), 43–45
Trustees of Dartmouth College v. Woodward, 7

trusts, Sherman Antitrust Act (1890), 25
Twitter, employment trends, 92

U
UAW (United Auto Workers)
    labor agreement with GM. *See* Treaty of Detroit.
    social safety net. *See* Treaty of Detroit.
    strike against GM, 42–43
Uber
    employment trends, 92, 123–124
    shifting from jobs to tasks, 123–124
    transition from careers to jobs to tasks, 145
Uberization, 172–175, 182
uncorporations, 8
undervalued conglomerates, protecting, 57–58
underwriting stocks and bonds. *See* investment banks.
UNDP (United Nations Development Programme), 192
unemployment benefits, 117. *See also* social safety net.
unemployment figures, 183–184
unequal voting rights, 103
unions. *See* labor unions; *specific labor unions*.
United Kingdom, health care system, 42
United Nations World Income Inequality Database, 192
universal banks, 31
unlimited lifespan, 7
Unocal, human rights abuses, 79
UPS, in 2010, 123
upward mobility
    chutes-and-ladders labor market, 146–149
    college education, importance of, 146–149
    current state of, 141–144
    dead-end jobs, 144
    definition, 142
    entry-level jobs, 144
    high-tech economy, 147–148
    intergenerational mobility, 142
    internships, 144
    joining the middle class, 140–141
    platform capitalism, 145
    pre-job jobs, 144
    sharing economy, 145
    skills gaps, 146–147
    transition from careers to jobs to tasks, 144–145
US Leather, 20
US Rubber, 20
US Steel
    assets, 1910, 14
    assets, *vs.* the Federal government, 30
    birth year, 19
    merger with Carnegie Steel, 25–26
    size, in 1950, 122
"use of proceeds" as stated in IPO, 101–102

V

Verizon, in 2010, 123
vertically integrated production, 24
Vietnam, corporations, 12
"The Virtual Corporation," 70
virtual corporations. *See also* pop-up companies.
    birth of, 70–71
    computers and electronics industry, 73–74
    Dell Computer, 74–75
    demands of investors, 75–76
    employment consequences, 74
    EMS (electronics manufacturing services), 73
    Nikefication, 71–79
    outsourcing, 73–76
    pet foods, 75
    pharmaceutical production, 75
    responsibility paradox, 77–79
    role of the World Wide Web, 71
    Sara Lee Corporation, 76–77
    separating design and brand management from production, 75
    supply chain responsibility, 78–79
virtual doctor visits, 173
visibility, correlation with corporate growth, 135
The Visible Hand, 20
Vizio, 81, 83

W

"Wagner Act" (1935), 40
Wagoner, Rick, 119
Walgreens, in 2010, 123
Wall Street
    corporate decline, 159–161
    importance to corporate funding, 161
Wall Street Journal, 103–104
Walmart
    in 2010, 123
    employment trends, 92
    social safety net, 117–118
Walton family wealth, 128–129

wealth, definition, 128
Welch, Jack, 144
Westinghouse Electric
    diversification, 54
    employment history, graph, 44
    size, in 1950, 122
WhatsApp, purchase by Facebook, 102, 148
White, Walter, 188
Wikipedia, 16, 154
Williams Act (1968), 57
Woolf, Virginia, 28
workforce for top five market cap corporations, 91
workforce management systems, 174
World Bank, 192
World Development Indicators database, 192
World Wide Web, role in creating virtual corporations, 71
WRDS (Wharton Research Data Services), 191

X

X5 Music Group, 84

Y

Yelp, dual class voting, 105
Young, Owen D., 59

Z

Zillow
    dual class voting, 105
    employment trends, 92
Zuckerberg, Mark
    Facebook governance, 105
    importance of college education, 146
Zuckerberg grip, 105
Zynga
    dual class voting, 105
    employment trends, 92

译 后 记

股份公司竟然正在衰落！在最近这些年中，我们见证了某些最负盛名的股份公司走向破产（比如柯达公司）甚至完全消失（比如伯利恒钢铁公司）。在1996年到2012年间，美国上市公司的数量下降了一半之多。本书探讨了美国大型股份公司兴起的历程，它居于支配地位对民众生活的影响，以及导致其落的经济、社会和技术发展因素。样本虽然仅限于美国，但意义却是全球性的。

新技术带来新的经营方式和新的组织形式，进而改变了个人和家庭所面对的经济景象及生活前景。随着职业转变为工作、工作转变为任务，将来或许会出现日益严重的经济两极化和建立在草根基础上的更加民主的经济。我们应该如何看待这个缤纷的世界，以及如何紧随这个变化的世界？戴维斯为我们提供了理解这种变化的意义和应对的方法。所有关注企业变革、公司治理、创新创业和资本市场的各界人士都应该阅读本书。

本书的翻译自始至终得益于我们的许多朋友的帮助。首先，我们要感谢厦门大学贵州校友会诸多校友的帮助，尤其是吕静、杨惠婷、甘露、王晓红、张美涛、褚橙橙、王三伟等，他们慷慨地奉献各自的专业特长，耐心地帮助我们推敲译文表达，为本书的翻译做出了无私的贡献。其次，我们还要感谢孔晓红、张九红、楼昳江等亲友，他们的精神鼓励和专业支持是我们完成翻译的动力之一。最后，我们要感谢贵州财经大学的罗玉江先生，他一直关注本书的翻译进程并给予了我们最温暖的支持。

孔令强　殷　燕
2018年6月

西方经济·金融前沿译丛书目

《欧元的终结？！——欧盟不确定的未来》
（美）约翰·冯·奥弗特韦尔德 著　贾拥民 译

《重铸美国自由市场的灵魂——道德的自由市场与不道德的大政府》
（美）史蒂夫·福布斯　伊丽莎白·艾姆斯 著　段国圣 译

《宇宙的主宰——哈耶克、弗里德曼与新自由主义的诞生》
（美）丹尼尔·斯特德曼·琼斯 著　贾拥民 译

《伟大的说服——哈耶克、弗里德曼与重塑大萧条之后的自由市场》
（美）安格斯·伯金 著　傅瑞蓉 译

《政治泡沫——金融危机与美国民主的挫折》
（美）诺兰·麦卡蒂　基思·普尔　霍华德·罗森塔尔 著　贾拥民 译

《从战场前线到市场前线——中东战争浴火之下信任和希望的重生》
（美）保罗·布林克利 著　于海生 译

《华尔街与华盛顿之战——世纪对决催生美国现代金融体系》
（美）理查德·E. 法利 著　贾拥民 译

《金钱长城——中国国际货币关系中的权力与政治》
（美）埃里克·赫莱纳　乔纳森·柯什纳 编著　于海生 译

《消失中的美国股份公司——传统企业组织形式的颠覆与创新》
（美）杰拉尔德·F. 戴维斯 著　孔令强　殷燕 译

《如何反击网络金融恐怖主义》（待出版）
（美）凯文·弗里曼 著　傅瑞蓉 译

《全球经济的系统脆弱性》（待出版）
（美）杰克·拉斯马斯 著　贾拥民 译

《产业政策的选择及其经济后果》（待出版）
（美）约瑟夫·斯蒂格利茨　阿克巴·诺曼 编著　孔令强　殷燕 译